Más allá de mis manos

FRANKLIN MEJÍAS CASTELLANOS

} green brothers {

© **Más allá de mis manos**
Primera edición: 2017

ISBN: 978-0-9995523-7-7

Autor: Franklin Mejías Castellanos (@FranklinMejiasC)
Editor en jefe: Jorge González (@JorgeGonzTV)
Productor: Nelson Bustamante (@NelsonBus)
Coordinador: Franklin Mejías
Correctora: Andrea Vivas Ross (@AndreaVivasRoss)
Diseño y maquetación: Fernanda Figuera (@FerFiguera)
Editoriales: Green Brothers y Paquidermo Libros
(@PaquidermoLibros)
Productora: 360 Media
Fotografías de portada y contraportada:
Jorge González / Eduardo Segovia
Fotografías internas: Archivo personal del autor

Colaboradores: Fundación Ángeles Guerreros USA, POA,
Any Castellanos, Franny Mejías, Gladys Vásquez, Familia Cardoso,
Beatriz Oropeza.

Índice

Prólogos

Conocí a Franklin el 29 de diciembre del 2013. Desde entonces, su forma de ver y afrontar la vida cambió la mía. Me hizo crecer, me hizo ser una mejor persona. Hoy, en pocas palabras, me siento profundamente afortunado de haber estado tan cerca de este guerrero. En otros tiempos, los guerreros usaban cascos, espadas y escudos. Franklin no necesitó nada eso. Para mí él es, sencillamente, un guerrero moderno.

Muchas personas, cuando les cuento que soy el editor de este proyecto, me preguntan cómo logró escribir un libro a pesar de no tener manos. Se impresionan. Por eso, decidí compartir con ustedes lo que vivimos en este particular proceso de llevar su vida, sus experiencias, sus ideas, sus miedos y sus sueños a una publicación escrita llamada ***Más allá de mis manos***.

Frank, como cariñosamente lo llamo, y para sorpresa de muchos, es completamente autosuficiente. No necesita de nadie para realizar sus actividades cotidianas. Esto, que se dice tan fácil, es algo que ha logrado con muchísimo esfuerzo, valor y dignidad.

Frank monta bicicleta casi todos los días, se cepilla los dientes sin ayuda, se baña y se viste solo y es un experto usando su teléfono celular. De hecho, precisamente a través de su celular, pudo "escribir" todas las ideas de este libro; y coloco la palabra "escribir" entre comillas porque Frank no "escribía", sino que más bien dictaba. Él aprendió a operar la pantalla de su iPhone con una extraordinaria habilidad y usó una aplicación llamada "notas", que funciona a través del reconocimiento de voz, gracias a la cual él hablaba y el teléfono escribía. Luego, copiaba el contenido desde su celular a un correo electrónico y me lo enviaba a mí para yo editarlo.

Mi labor, entonces, era orientar a Frank, darle tips, revisar sus textos, corregirlos y enriquecerlos desde el punto de vista literario. Todo lo que está en este libro lo conversamos y lo trabajamos con mucho cuidado, como colegas, como amigos. Estuvimos dedicados a él durante más de un año y, en total, nos reunimos unas 45 veces.

Durante todo este tiempo, lo que más me impresionó de Frank fue la manera en la que asumió el proyecto. A su edad, yo jamás hubiese sido tan responsable y comprometido. Frank, en mi opinión, no parece que tuviera 18 años. Su mirada delata que ha vivido mucho más.

Por último, quisiera compartir con ustedes algo que me parece muy especial. A diferencia del común denominador, este libro no tiene un solo prólogo, sino cuatro. Y no es casualidad. Cada prólogo representa una de las cuatro extremidades que Franklin perdió hace seis años. Cada uno de nosotros simboliza un soporte para él, un apoyo, una nueva herramienta para salir adelante. Y él, por su parte, representa el ejemplo más claro de que no existen obstáculos demasiado grandes para detener a alguien que está decidido a alcanzar sus sueños.

Jorge González

A los 15 años, lamentándolo mucho, asesinaron a mi padre. Meses más tarde, quedé damnificado en la tragedia de Vargas, viviendo en un refugio por días. Por si fuera poco, al finalizar ese año recibí un impacto de bala perdida en mi tobillo que truncó mi sueño de ser jugador de béisbol profesional.

En ese momento me dije: "¿A quién en este mundo le pueden pasar peores cosas que a mí?". Me sentí frustrado y caí en una gran depresión que, gracias a Dios, mi madre y mi familia supieron aliviar.

Este tipo de acontecimientos te hacen ver la vida de una forma distinta, apreciando cada detalle, agradeciendo cada respiración y viviendo cada minuto como si fuera el último.

La vida es muy compleja y, a la vez, sencilla. Todo depende desde el punto de vista que la observes. Esto se trata de ver el vaso medio lleno en vez de medio vacío.

Cuando conocí a Franklin, de inmediato me acordé de esa pregunta que frecuentemente me hacía "¿Por qué a mí?" pero respiré profundo y le dije: "¿Qué tal chamo?".

Analicé cada gesto, cada mirada y entendí muchas cosas nuevas de la vida. Ante mí estaba un verdadero luchador, un guerrero, una inspiración. Sabía perfectamente que si Franklin descubría su verdadero propósito en la vida, ayudaría a miles de personas.

La motivación es vital en nuestras vidas. Es muy fácil perder el foco y, a veces, es tan difícil encontrar la inspiración de nuevo. Franklin, automáticamente, te cambia la vida y te lleva a verla desde un punto más sensible y genuino.

Sean todos bienvenidos a una historia inspiradora, sincera y humana de un pequeño grande que viene desde Venezuela y que hoy, gracias a su forma de ver la vida, te ayudará a echar pa'lante con más inspiración y valentía.

¡Grande Franklin!

Chyno Miranda

*"Toma mis pasos,
desde hoy son tuyos,
si el camino es largo yo te ayudaré.
Toma mis manos, también son tuyas,
siente la vida, mira hacia arriba.
Que nada te detenga, no hay razón para llorar,
que mis piernas sean tus piernas, para juntos continuar.
Quiero ser tu ángel de la guarda,
Caminemos juntos, hay tanto por vivir..."*

Esta es parte de la letra de una canción que Max Pizzolante hizo para Franklin Mejías.

Recuerdo que cuando conocí a Franklin me impactó su fortaleza. Inmediatamente, llamé a Max y le conté mi idea de hacerle una canción a este muchacho que a los 12 años le habían amputado sus manos y sus pies. Una canción que reflejara lo que yo sentía, la necesidad de protegerlo, de prestarle mis pasos y mis manos para convertirnos en sus ángeles de la guarda. Así nació esta canción llamada "Tu ángel de la guarda".

Siento una profunda admiración hacia Franklin. Uso su ejemplo de fortaleza y entrega para cerrar la charla "Atrévete a Soñar". Una conferencia cuyo concepto es hablarle a los jóvenes acerca de los sueños y las limitaciones de la vida. "Atrévete a Soñar" se convirtió en una gira por universidades en Venezuela, Panamá y los Estados Unidos. En ella, les digo a los asistentes que, muchas veces, no valoramos lo que tenemos, que nos quejamos de tantas cosas. Que piensen, por un instante, lo que sería de sus vidas sin manos y sin pies y, para culminar, les muestro un video de Franklin. "Imagina que a los 12 años de edad te amputen tus extremidades y, para colmo, como ironía de la vida, en un viaje para visitar Disney", les digo.

Cuando lo conocí, le pregunté en qué podía ayudarlo. Con su respuesta me sorprendió una vez más. Me dijo que los momentos de mayor alegría que vivió, mientras estuvo hospitalizado en el Joe DiMaggio, fueron los días en los que recibió juguetes y, ahora, él quería llevar regalos a los niños del mismo hospital. Y así lo hicimos. Recuerdo la cara de satisfacción de Franklin entregando los juguetes. Era como que estaba satisfecho desde el alma. Ese día fue también un regalo para los que lo acompañamos. Me sorprende su capacidad de crecer a través de la ayuda que brinda a los demás.

En ***Más allá de mis manos***, Franklin nos enseña sobre entrega, resiliencia, paciencia y mucha fortaleza interior. El resultado ha sido el fruto del trabajo en equipo y espero que llegue a lo más profundo de tu alma y de tus sueños.

Nelson Bustamante

La vida es intensa e impredecible y, a veces, se comporta de manera injusta, pero es una oportunidad única. Cada segundo fluye, se va y no regresa. ¡La vida no tiene segundas vueltas, por eso hay que vivirla!

La idea sustancial de **Más allá de mis manos** gira, precisamente, en torno a cómo enfrentar la vida para lograr la realización personal plena, incluso en las peores circunstancias. Para hacerlo posible, Franklin Mejías Castellanos, un adolescente que ha sufrido momentos muy difíciles, sostiene tres fórmulas que comparto e intento poner en práctica día tras día.

La primera es la necesidad de ser auténticos y desarrollar todas las potencialidades, tanto físicas como intelectuales, que nos definen como seres humanos. La segunda es el poder de resiliencia, o sea, esa fuerza nada mágica que permite sobreponernos a los grandes golpes y seguir adelante. La tercera determina, con razón, que nada es imposible a pesar de los caprichos y de las aparentes injusticias de la vida. ¡Todo es posible si hay deseo, voluntad, paciencia y amor! Esta, entre tantas, quizá sea la gran enseñanza de **Más allá de mis manos**, una historia conmovedora y hermosa aunque narre una cruda y, a veces, inexplicable realidad.

Franklin nos alinea al concepto que define la felicidad no como una emoción pasajera que llega desde la nada, sino como un estado de interna complacencia factible de lograr, únicamente, cuando nos lo proponemos. La existencia de este joven venezolano es un ejemplo de felicidad, bondad y ganas de vivir.

¿Cómo lo logra entre tantos momentos difíciles? Ante todo, porque ha contado siempre con un aliado inseparable para darle sentido a la vida: el amor. Todos sus logros, incluyendo este libro, son resultados del amor. Antes de enfrentar su terrible enfermedad, él ya era bendecido por el amor de sus familiares; pero, fue en los peores momentos, en esos instantes claves, que sumó el de sus amigos, médicos, enfermeras y hasta el de sus mascotas.

Franklin no se atrincheró en su sufrimiento. Él esparció sus sentimientos sin rencor, temor o pesimismo, capitalizó todo ese amor y agradeció a Dios y a la vida. Cada una de las páginas de **Más allá de mis manos** es un canto a la alegría de vivir, a la esperanza y el optimismo. Es una lectura conmovedora y perdurable.

Muchas veces pensamos que el sufrimiento es imposible de eliminar, pero no es así. La vida implica cambios y debemos prepararnos para ellos. Cuando estamos dispuestos a cambiar, nos preparamos para soportar cualquier embate. Franklin, desde el primer momento, estuvo dispuesto y eso le permite ser una persona feliz hoy en día.

Franklin, agradezco las hermosas palabras que me dedicas en este libro. Gracias por considerar que aquella entrevista, que tuve el inmenso placer de hacerte, influyó algo en ti.

Ismael Cala

*Dedicado a una hermosa familia
que nos apoyó en este proyecto
sin esperar nada a cambio.
Ellos son ejemplo de que dar sin recibir
es la mayor de las bendiciones.*

¡Gracias!

Todavía recuerdo esos días en los que aún tenía mis dos manos y mis dos pies. Como dicen por ahí "era feliz y no lo sabía". Podía correr o lanzar una pelota de goma contra la pared sabiendo que sería capaz de atraparla cuando viniera hacia mí. Podía darle la mano a las personas sin hacerlas sentir incómodas. Podía bañarme sin tener que sentarme en una silla... En fin, podía ser, en pocas palabras, un niño "normal".

Recuerdo, por ejemplo, un día en mi casa cuando mi mamá me dijo que me vistiera para salir a la calle. Para mí era algo tan sencillo como ponerme una franela y abrocharme el pantalón, honestamente jamás imaginé que hacer algo tan sencillo sería tan difícil para mí.

Hoy, sin embargo, luego de muchas vivencias que compartiré contigo en este libro, después de mucho dolor — tanto físico como emocional —, después de mucho trabajo y de un sinfín de crecimientos personales, estoy de vuelta para decirte que sí se puede; que cualquier tropiezo o dificultad se puede superar. Hoy, a pesar de haber perdido mis dos manos y mis dos pies, estoy orgulloso de decir que he ganado muchas otras cosas.

Debo confesarte que hay noches en las que tengo pesadillas. No siempre, sólo a veces. Y cuando eso sucede, una luz incandescente me ilumina y me empuja para salir adelante. Esa misma luz es la que hoy me motiva y me da fuerzas para escribir este libro.

Mi nombre: **Franklin**. Mis apellidos: **Mejías Castellanos**. Y esta es la historia de lo que me ha tocado vivir en los últimos años. Una historia que hoy he decidido contarte, sin manos, sin pies pero, por encima de todo, sin prejuicios. Esta es la historia profunda y honesta de mi vida.

Capítulo 1

¿De dónde vengo?

ESTRENANDO SIGLO

Vengo del mejor país del mundo: Venezuela. Nací el 09 de julio de 1999, justo antes de la famosa llegada del año 2000.

Me contaron que aquello fue un desastre porque ni las computadoras ni los relojes estaban preparados para el cambio de milenio y yo, por alguna razón que aún no comprendo bien, nací en un milenio pero me tocó vivir en el siguiente. Un milenio que me esperaba repleto de cambios y de sorpresas, que me haría cambiar por completo la forma de ver y vivir la vida.

LA CANDELARIA

Mis primeros nueve años los viví en el apartamento de mi abuela Olga, la mamá de mi mamá. Ella es una mujer pequeña, de pelo negro, buenamoza, muy cariñosa, trabajadora e inteligente. Siempre me enseñó los valores más importantes de la vida como el respeto, la humildad y el agradecimiento hacia Dios. Yo iba a la iglesia con ella todos los domingos y, desde allí, aprendí a aceptar a Dios como mi salvador.

Aquel apartamento quedaba en La Candelaria, una parroquia muy conocida y movida de la capital. Para entonces, mi mamá y mi papá ya estaban separados, aunque tenían una buena relación, tratando siempre de que nosotros, sus hijos, no nos viéramos afectados.

Recuerdo, entre otras cosas, haber jugado en el parque de aquel edificio millones de veces. Jugábamos básquet, béisbol, la "ere"[1], pelotica de goma y muchos otros juegos

---

1. La "ere" es un juego tradicional de Venezuela y muy popular

que me convirtieron en un niño feliz. Un niño como cualquier otro, con sus dos manos y sus dos pies.

MIS PADRES

Mi mamá Any Belinda y mi papá Franklin José son, sin duda, las dos personas más importantes de mi vida. De ellos he aprendido tanto que no sabría por dónde comenzar a contarles. Ellos, en momentos diferentes de mi vida, han sido mis cómplices, mis protectores, mis mejores amigos.

Mi mamá, al igual que mi abuela, es una mujer pequeña, aunque con un carácter muy fuerte. Gracias a ella aprendí que nada es lo suficientemente grande para ser alcanzado por una persona pequeña.

Mi papá, por su parte, es un hombre magnífico, una máquina de trabajar que siempre ha estado allí para mí, en las buenas y en las malas. Sin él, no estaría aquí escribiendo este libro y, posiblemente, tampoco hubiese sobrevivido a todo lo que voy a contarles en las páginas que siguen.

Sin duda, me doy el lujo de tener los mejores padres del mundo.

LOS VALLES DEL TUY

A pesar de haber nacido en Caracas, no siempre viví allí. A mis diez años, mi mamá decidió remodelar una pequeña casa que había comprado con mi papá unos años antes

---

entre los más pequeños, donde un niño es "la ere" y debe correr detrás de los otros niños hasta tocar a uno que, inmediatamente, pasa a ser "la ere" y debe perseguir a los demás.

y que quedaba en los Valles del Tuy, un pequeño pueblo a las afueras de Caracas. Entonces, me mudé con ella.

Era una casita acogedora, de dos habitaciones y un baño, en una zona humilde, pero hermosa. Aquella casa fue muy especial para mí porque fue allí donde me acerqué más a mi mamá y donde viví los años más hermosos junto a ella. Durante ese tiempo éramos una dupla invencible; estábamos todo el día juntos, dormíamos juntos, hablábamos mucho. Ella era mi mejor amiga.

En aquel tiempo, ni ella ni yo teníamos manera de imaginar que muy pronto, y en contra de nuestra voluntad, nuestras vidas cambiarían para siempre.

UN REGAÑO INOLVIDABLE

Siempre he sido un niño muy inquieto. Me la pasaba de aquí para allá, sin parar. Recuerdo un día que mi abuela Olga me regañó y me dijo:

— *Ya Franklin, quédate quieto, deja la corredera.*

Diez años más tarde, en el hospital donde me dieron la noticia de que posiblemente perdería mis dos manos y mis dos pies, la recordé y me pregunté si podría volver a correr como antes, si mi abuela podría regañarme de nuevo por la misma razón.

MI TIEMPO LIBRE

Además de correr, siempre me gustó jugar trompo, metras y tener amigos. Ahora también disfruto, aunque no lo crean, ir a la escuela. Mi materia preferida es matemáticas.

Siempre me gustaron el béisbol y el básquetbol. Sin embargo, después de todo lo que he vivido en los últimos años, un nuevo deporte se convirtió en mi pasión. Un deporte que las personas juegan con las manos y que yo, por mi parte, he aprendido a jugar muy bien a pesar de no tenerlas. Pero ya te contaré más adelante.

Como a la mayoría de las personas, me gusta el agua, es decir, me gusta ir a la playa y sentir el olor a coco que tienen las olas, nadar en las piscinas y meterme en los ríos, sobre todo cuando están tan fríos que uno siente como si se le quemara el cuerpo.

De los recuerdos de mi niñez, están los paseos con mi papá, mi hermana o mi mamá. Casi todos los fines de semana íbamos a una playa o a una piscina, volábamos cometas, nos bañábamos, comíamos pescados, conocíamos nuevas personas y la pasábamos muy bien. Al menos eso es lo que recuerdo.

Capítulo 2

El sueño de conocer Disney

EL INICIO DEL CAMBIO

Desde el año 2004 mi papá empezó a viajar a los Estados Unidos, en especial a la ciudad de Miami, para comprar mercancía y venderla en el banco donde él trabajaba.

En aquella época mi papá también iba de paseo a Miami. Y, desde ese entonces, él quería llevarnos a todos nosotros a compartir la experiencia de estar en un país desarrollado y, además, soñaba con mostrarnos la divertida y emocionante aventura de los parques de diversiones en Orlando. Sin embargo, no teníamos siquiera el pasaporte y, por supuesto, mucho menos visa americana.

Mi papá, siempre enfocado en alcanzar sus objetivos, empezó a solicitar la cita para que nos dieran el pasaporte. Una vez que los consiguió, comenzó a tramitar la cita en la embajada americana para pedir las visas, la cual se demoró más de un año, ¡imagínense ustedes!

No se imaginan cuánto me ha servido esa lección que me ha dado mi papá desde mi infancia. En ese momento entendí que lo que uno sueña en esta vida lo debe ir trabajando paso a paso, día tras día, porque los logros y las victorias no se dan de la noche a la mañana. Por el contrario, son el resultado de la suma de pequeñas acciones que vamos sembrando, como se siembra el maíz, y que luego cosechamos cuando llega la hora de hacerlo. Esta lección, se los juro, me ha tocado practicarla todos los días para mantenerme con vida y, sobre todo, para no perder las ganas de salir adelante.

Cuando finalmente nos dieron la cita para las visas americanas, mi hermana Franny fue con mi papá y yo me quedé en el colegio. Recuerdo que cuando regresaron me dieron aquel noticrón: nos habían aprobado las visas, algo sumamente complicado en Venezuela. Yo estaba más emocionado que nunca, no podía ni dormir de la felicidad, quería viajar lo antes posible.

UN PRIMER VIAJE

Cuando ya teníamos todo listo para viajar, unos meses antes de la fecha, se me ocurrió bañarme en un tanque de agua estancada y... ¡adivinen qué! Me enfermé de otitis. Luego, por negligencia médica, se complicó la cosa, provocándome una meningitis viral. Estuve casi un mes recluido en terapia intensiva en el hospital José Gregorio Hernández de Catia y, de allí, me trasladaron al JM de los Ríos, un hospital venezolano especializado en niños.

Fue así como, aquel diciembre del 2010, no pude realizar mi primer viaje. No se imaginan las ganas que tenía de conocer Disney y de viajar al país más poderoso del mundo, pero digamos que no me correspondía en ese momento. Por su parte, mi papá y mi hermana sí fueron y llegaron de regreso con muchísimos cuentos que aumentaron mis ganas de viajar a Disney algún día.

COMIENZAN LOS RETOS

Luego de estar recluido en el hospital JM de los Ríos, tuve que aprender a caminar debido a los meses que pasé de reposo absoluto. Imagínense ustedes, un niño de 10 años aprendiendo a caminar de nuevo. Yo, en ese momento, pensé que no había nada peor que pudiera pasarme, sin embargo, aquel era apenas un pequeño abreboca de lo que vendría más adelante.

Ese fue mi primer gran reto. Yo estoy convencido de que Dios siempre ha estado conmigo, igual que mis padres, mi hermana y mis familiares cercanos, quienes siempre me han ayudado a seguir hacia adelante.

CREANDO MIS OPORTUNIDADES

Dejé ese episodio atrás y me concentré en ponerme al día con mis estudios de educación básica. Me contrataron un profesor privado, amigo de mi mamá, que era muy bueno, para explicarme matemáticas, lenguaje, historia y ciencias sociales. La idea era pasar de grado y graduarme.

Al principio, me costó mucho concentrarme pero, con el pasar de los días, se me fue haciendo más fácil. La maestra me programó cuatro exámenes que tenía que aprobar para poder obtener el diploma de primaria.

Me preparé tan bien que los aprobé todos y la maestra me felicitó. Mi hermana estaba cursando el último año de bachillerato y también se estaba preparando para el acto de grado. Gracias a Dios, salimos buenos estudiantes y nos graduamos en el mes de julio.

EL GRAN PREMIO

Luego de la graduación, mi papá me dijo que nos habíamos ganado un gran premio: ir a Miami y a Orlando a conocer los parques. El momento, al parecer, había llegado. Aún hoy recuerdo aquello y podría decir que es la alegría más grande que he sentido.

Mi papá compró los boletos y, entonces, planificamos todo con un mes de antelación. Teníamos que hacer escala en Bogotá, Colombia, y eso también me emocionaba. Cerca de la fecha del viaje, mi papá coordinó todo para no tener ningún contratiempo.

EL PERMISO DE VIAJE

Faltaba, entonces, el permiso para viajar que tenía que darnos mi mamá, ya que no viajaría con nosotros. Ella, sin embargo, no aparecía; estaba en el interior del país y yo estaba muy preocupado porque tenía miedo de perderme el viaje otra vez. Recuerdo que estaba muy triste porque ella no contestaba las llamadas.

Finalmente, mi mamá apareció y pudimos realizar ese trámite tan importante. Recuerdo que esos últimos días me quedé con mi mamá y mi hermana. Estábamos en la víspera del viaje más esperado de la historia.

EN EL AEROPUERTO

Ese día llegamos al aeropuerto cerca de las tres de la madrugada. Mi abuela paterna, Wiltan, nos llevó en su carro. Ninguno de nosotros había dormido bien porque estábamos muy ansiosos con el viaje y haciendo maletas.

Todo salió muy bien. Recuerdo que en la zona de abordaje conocí a un famoso locutor de radio llamado Víctor X, de una emisora venezolana. Mi papá me dijo que me tomara una foto con él y así lo hice.

POR PRIMERA VEZ EN UN AVIÓN

Aquella era la primera vez en mi vida que me subía en un avión. ¡Ya podrán imaginar mi emoción! Fue una sensación indescriptible, repleta de adrenalina. Recuerdo perfectamente cuando aquella máquina gigante despegó y yo sentí tantas cosas, nunca había estado tan emocionado en mi vida.

El vuelo despegó puntual, a las seis de la mañana. Llegamos a Bogotá a las 9:45 am. Allí conocimos el aeropuerto El Dorado, las tiendas y esperamos hasta las 12:15 del mediodía para salir hacia Miami. El avión era más grande que el primero y se sentía menos al despegar y al aterrizar. Era más moderno.

También recuerdo que, durante ese vuelo, me pregunté a mí mismo cómo era posible que toda esta gente que estaba a mi alrededor estuviese volando en el aire a través de esa máquina de metal. Era emocionante y, a la vez, increíble.

MIAMI

Llegamos al aeropuerto internacional de Miami a las 3:30 de la tarde, un día que jamás olvidaré: el martes, 13 de septiembre del 2011. Hoy en día me impresiona pensar que ese mismo día cumple años la persona que más adelante editaría y produciría este libro: mi amigo Jorge González, quien me impulsó a terminar de escribir, corregir y editar **Más allá de mis manos**, durante más de 40 reuniones. Los caminos de la vida están llenos de coincidencias y eso lo podrán comprobar a lo largo de este libro.

Como podrán imaginar, yo era el niño más feliz del mundo. Estaba viviendo el sueño de mi vida: viajando en avión por primera vez, visitando el país más importante del mundo y a punto de conocer los parques de diversiones más famosos de la tierra. Aquello era un sueño hecho realidad. Era como una película donde el protagonista era yo.

NUESTRO HOTEL

Nos quedamos en el hotel Newport Beachside, en North Miami Beach. Todo me parecía muy lindo, exótico, diferente y encantador. Nuestra habitación tenía dos camas bien grandes, parecía de película.

Cuando bajamos a conocer las instalaciones, me impresionó el tamaño de la piscina. Jamás había visto una tan grande. Además, el agua era azulita y las playas eran como me las imaginé, ¡hermosas!

Recuerdo que al frente del hotel había un centro comercial donde íbamos todos los días a conocer algo nuevo. Había un Dennys, Pollo tropical y un McDonalds donde comíamos a diario. Aquello para mí era indescriptible. Soñaba con vivir ahí y poder hacer eso todos los días. La vida, de una manera muy extraña, se encargaría de que eso sucediera.

VACACIONES

Nuestras vacaciones comenzaban formalmente y la pasábamos muy bien todos juntos. Salíamos de la piscina corriendo hacia la playa, o de la playa hacia la piscina y nos quedábamos hasta tarde en la noche. Jugábamos con arena y con las grandísimas toallas del hotel. Me impresionaba que el sol caía mucho más tarde que en Venezuela; a las ocho de la noche todavía era de día.

Rentamos un kayak y salimos de aventura por el mar. También alquilamos una moto de agua. Eran, en resumen, las vacaciones soñadas. Sin duda, yo sentía que había valido la pena esperar todo ese tiempo.

EL TERCER DÍA

Un viernes, 16 de septiembre, salimos de paseo por Miami Beach, tomamos el autobús hacia la avenida Collins y la calle 16. Caminamos hasta la Ocean Drive y vimos lo bello del lugar, también comimos pizza y alas de pollo, la especialidad en casi todas las pizzerías de la zona. Ese día me emocioné mucho porque mi papá había conseguido los tickets para Universal Studios, uno de los parques más increíbles de Orlando. Nuestro plan, en ese momento, era viajar el lunes 19 hasta Orlando. Sin embargo, la vida tenía otros planes para mí.

PRIMEROS SÍNTOMAS

Aquel viernes (16 de septiembre), como les decía, me sentía feliz. Como sin poder creer todo lo maravilloso que estaba viviendo. Estuvimos en la playa hasta las siete de la tarde. Ahí, por primera vez, me comencé a sentir mal.

Lo primero que sentí fue debilidad. Era como si estuviese tan cansado que no podía sentarme ni mantener la posición del cuerpo. Era como una fatiga que me sobrepasaba. En ese momento no quería alarmar a mi papá y sólo le dije que estaba cansado y que quería subir a la habitación del hotel.

Llegamos a la habitación, nos quitamos el agua salada y empezamos a ver una película animada llamada *Shrek*. Estábamos los tres en la gran cama, viendo la tele y nunca olvidaré cómo, mientras avanzaba la película, me iba sintiendo cada vez más y más débil. Por primera vez, como a las nueve de la noche, le comenté a mi papá que no me sentía bien. Claro, no le fui completamente sincero porque no quería arruinar las vacaciones. Sin embargo, le dije que me sentía caliente y que estaba un poco débil. A las once de la noche empecé con fuertes dolores de cabeza, vómitos y fiebre de más de cuarenta grados. Inmediatamente, mi papá bajó a la farmacia, que estaba frente al hotel, para comprar un termómetro eléctrico y acetaminofén. Él pensaba que era tan sólo una intoxicación porque tenía como manchitas en la piel y me sentía débil.

ALGO HABÍA CAMBIADO EN MÍ

Pasé la noche vomitando y charrasqueando los dientes, con diarrea y sintiéndome cada vez peor. A media noche, mi papá bajó de nuevo a la farmacia a comprar una bebida carbonatada que me ayudara con la digestión. Sin embargo, nada de eso funcionó y, a las ocho de la mañana, le dije a mi papá que me llevara al médico, que ya no aguantaba más, no podía con esa agonía. Sentía que, literalmente, me estaba muriendo.

Mi papá bajó a la recepción del hotel a preguntar si alguien conocía a algún médico pediatra. Como podrán imaginar, la respuesta fue negativa. Sin embargo, le dijeron que muy cerca, en Aventura, había un centro hospitalario a donde podía ir.

Del camino hacia el hospital sólo recuerdo flashes o destellos de momentos. Era como en las películas cuando alguien cierra y abre los ojos y va viendo cosas diferentes cada cierto tiempo, mientras todo lo demás está en negro y en cámara lenta. Me acuerdo de abrir los ojos y ver a mi papá nervioso, tratando de manejar. Luego, cerrar y abrir los ojos para ver las siluetas de los edificios por donde pasábamos. Y, finalmente, abrí los ojos y ya me estaban cargando para llevarme a la entrada de un hospital.

Aquel día llegamos a una consulta externa y nos recibió un pediatra venezolano que, apenas me vio, decidió llamar al 911. Al ver mi estado de debilidad, que ni siquiera podía caminar, me realizó un examen de sangre. Yo sentía que me estaba muriendo, eso le repetía a mi papá.

PRIMEROS RESULTADOS

El examen de sangre arrojó unos resultados inesperados y confusos. Según el informe, yo tenía una bacteria muy agresiva en el torrente sanguíneo, llamada "Streptococcus", una bacteria que, para nuestra sorpresa, es la causante de enfermedades muy graves que traen como consecuencia daños irreversibles en el cuerpo humano y, muchas veces, hasta la muerte.

Desde ese momento no recuerdo qué más pasó, sólo que el doctor me colocó una inyección en el brazo derecho, me puso la mano en la cabeza y me dijo que todo iba a estar bien.

Entonces, un eterno silencio se apoderó de mí. Era como estar despierto en otro mundo y como flotando en una gran nube. El tiempo se detuvo para mí, aunque para mi papá, mi hermana y los doctores fue como una gran tormenta que no terminaba.

Yo sentía todo lo que pasaba a mi alrededor, pero era como si aquello sucediese a la distancia, lejos. Jamás me enteré de muchas cosas que pasaron. Sentía mucho calor, me sentía hirviendo. Lo que más quería en ese momento era saltar a una piscina de hielo.

Según me cuentan mi papá y mi hermana, llegaron los paramédicos y me llevaron de emergencia al Hospital

Infantil Joe DiMaggio. Al llegar a la sala de emergencias, nos estaban esperando alrededor de ocho doctores y cinco enfermeras. Yo seguía inconsciente, en mi mundo de calor y quietud.

Allí, me realizaron otro examen de sangre, me entubaron, me colocaron una máquina para verificar el corazón, el cerebro; me realizaron un ecosonograma para ver mis riñones, hígado, páncreas, intestinos, y me hicieron unos rayos X para verificar los pulmones. También, según me contaron luego, se llevaron a mi papá y hermana a una sala para realizarles las preguntas de rigor. Los médicos no sabían qué había pasado porque todo sucedió muy rápido y de forma violenta.

En aquel lugar había todo tipo de doctores. Lo mío parecía muy serio, muy delicado y allí, según me contaron, aparecieron inmunoalergólogos, infectólogos, urólogos y muchos otros médicos residentes que venían a ver qué había pasado y cómo podían ayudar. Allí se reunieron y me llevaron a la unidad de cuidados intensivos.

CUIDADOS INTENSIVOS

Los médicos hablaron con mi papá y mi hermana y les explicaron que, lamentablemente, yo me pondría mal, que vendrían momentos difíciles. Fueron muy honestos y les dijeron que las siguientes 48 horas eran cruciales en mi vida y que había una importante probabilidad de que muriera.

La bacteria estaba ganando terreno y los doctores hacían todo lo posible para controlarla a través de antibióticos y de la mejor tecnología existente. Sin embargo, agregaron que se necesitaría un milagro de Dios para que yo saliera con vida.

A las dos de la tarde estábamos ya en la habitación #2206, de la unidad de cuidados intensivos. Allí, según me cuenta mi familia, y como pude ver muchos días después, había aparatos y máquinas de todo tipo que sonaban y trabajaban las 24 horas. Yo recibía medicamentos endovenosos con la ayuda de doctores enfermeras y una asistente de enfermera. Mi papá y mi hermana tenían que colocarse batas quirúrgicas, tapabocas y lavarse bien las manos, cada vez que entraban a verme.

UNA MÁQUINA PERFECTA

Al recibir tantos medicamentos, antibióticos y suero comencé a retener líquido y me hinché mucho como un efecto secundario. Sin embargo, como el cuerpo es una máquina perfecta, decidió concentrar la sangre que no tenía la bacteria en el tronco y en la cabeza, lugar donde están los órganos vitales (corazón, cerebro, hígado, pulmones), bloqueando las extremidades. Eso, en resumen, me salvó la vida. La sangre contaminada, por su parte, se quedó en las extremidades. Esa fue la razón principal por la cual más adelante tuvieron que amputarlas.

Incluso hoy en día, a mí se me hace increíble pensar que el cuerpo humano sea una máquina tan perfecta que pueda vivir sin sus cuatro extremidades.

NECROSIS MÚLTIPLE

La presión arterial comenzó a subirme y bajarme de manera descontrolada. Obviamente, no era de extrañarse. El hígado y los riñones se recrecieron y, a la vez, muchas partes de mi cuerpo se comenzaron a oscurecer. Mis piernas, mis manos, mis ojos, mi nariz, mis orejas, mis labios se pusieron bastante oscuros y, en resumen, empezó una necrosis múltiple como cuando un árbol empieza a cambiar de otoño a primavera, que sus hojas se secan y caen al suelo.

Mi cuerpo, por otra parte, limitó la circulación de sangre. De hecho, la segunda noche en el hospital me puse bastante delicado.

LA HORA DE LA VERDAD

Los médicos no se equivocaron con sus pronósticos. Esa noche me empezó a bajar la presión arterial y mi condición empeoró. Estaba muy delicado, al límite entre la vida y la muerte.

Sacaron a mi papá del cuarto y le dijeron que esos minutos eran claves para mí y que yo necesitaría un milagro de Dios para salir adelante. Eran minutos decisivos. Había que rezar mucho porque, literalmente, me estaba muriendo.

Era tan grave la situación que el jefe de la unidad de cuidados intensivos dio la orden de defibrilatarme, en caso de que me diera un paro cardíaco. A mi papá se lo llevaron para la sala de espera y a mí me inyectaron una medicina para estabilizarme el corazón.

PALABRAS DE DIOS

Meses más tarde, mi papá me contó que aquel día, en una pequeña capilla que estaba en esa misma sala de espera, él habló con Dios. De tú a tú... cara a cara. Como les decía antes, él estaba bastante desesperado, llorando y, en ese momento, de manera inesperada, sintió que alguien le puso la mano en el hombro, lo sentó en un taburete y le dijo que su hijo se iba a mejorar, que se quedara tranquilo, que no había por qué preocuparse.

Mi papá regresó al cuarto donde yo estaba y, entonces, se sorprendió con lo que vio. Mi presión arterial estaba normal, perfecta. Aquella fue la última vez que mi presión arterial se descontroló.

DÍAS COMPLICADOS

Al tercer día, empecé a sangrar por la boca, específicamente por las encías. Yo estaba en un coma inducido, es decir, me encontraba inconsciente.

Me realizaron unos nuevos exámenes y todo estaba bastante irritado por el tubo que me ayudaba a respirar. Los vasos sanguíneos se habían reventado por la infección.

Mi papá me cuenta que, durante esos días, me bañaban a cada rato, tenía fiebre de cuarenta grados. Era tanto así que me habían colocado en un colchón de agua para mantenerme frío y así me bajara la fiebre. Fueron momentos bien difíciles.

COMENZABA LA MEJORÍA

Con los días, la fiebre fue bajando y, ya para el quinto día, me asistía sólo una enfermera. El pronóstico era que muy pronto despertaría.

Una asistente comenzó a realizarme ejercicios de terapia física, al menos 45 minutos al día. Más allá de que estaba dormido, entubado y sedado, todo estaba agarrando forma. Me cuentan que despertaba con intenciones de levantarme de la cama y mordía el tubo, hacía gestos como de asombro, abría los ojos y miraba alrededor con mucha desesperación. Sin embargo, seguía flotando en mi nube. Estaba totalmente desconectado de la realidad.

Mi papá me contó que, durante aquellos días, los doctores me cambiaron el medicamento para uno más fuerte. Mi cuerpo lo estaba pidiendo. Además, me conectaron a dos máquinas vitales, una de diálisis y otra llamada "Plasma Freezer" que me limpiaba la sangre, eliminando todo aquello que estaba infectado por la bacteria. Por todo esto, los valores de mi sangre y mi presión arterial fueron bajando, poco a poco.

Ya para ese momento estaba usando pañales desechables. Obviamente, si estaba dormido, desconectado, no podía ir al baño por mí mismo. Entonces, las nalgas se me irritaron y comenzaron a salirme laceraciones en la cadera por la inactividad.

Mientras esto sucedía, yo seguía desconectado del mundo real. De vez en cuando, mi cuerpo trataba de levantarse de aquella cama. Sin embargo, yo no recuerdo eso. Yo me mantenía en otro mundo, uno que estoy seguro totalmente de que existe y al que todos, tarde o temprano, iremos también.

MIS PRIMERAS PESADILLAS

Como les decía, la verdad es que no tengo recuerdos de lo que sucedía en ese momento, al menos en el mundo real. Sin embargo, sí recuerdo muy bien qué estaba pasando en mi mundo interior, en mis sueños y en mis pesadillas.

En uno de mis sueños, estaba con mi papá en una casa bien extraña, en África, que tenía grietas en las paredes de barro y en todo el piso. Era como si hubiese habido un terremoto. Recuerdo que, a través de esas rendijas, entraban muchas culebras grandes y me querían picar. Yo veía que se enrollaban y pensaba que querían comerme. ¡No se imaginan cuánto miedo me daba!

Sin embargo, mi papá siempre aparecía con siete viejitos de pelo y barba blancas. Entre todos ellos agarraban las culebras y las metían en jaulas. Nunca olvidaré que los viejitos me decían que me quedara tranquilo, que no me iba a pasar nada, que ellos me cuidarían siempre y me protegerían de las culebras.

Luego, en ese mismo sueño, me llevaron a una nevera de aluminio, grande, sin puertas, donde me metieron con agua y con mucho hielo para que me refrescara del calor que sentía. Yo me imagino que mi cuerpo, en el mundo real, estaba sufriendo un proceso de transformación muy complejo y muy caluroso, así que yo lo proyectaba en mis pesadillas como si estuviese en el más terrible de los veranos.

Recuerdo que mi papá agarraba las culebras y me decía que las tocara, que ellas no eran malas y no me picarían. Sin embargo, apenas yo trataba de agarrarlas, ellas me querían picar y morder.

CHYNO & NACHO

Durante mis sueños, nunca olvidaré que también aparecieron los cantantes venezolanos Chyno y Nacho. Ellos me cuidaban y recuerdo que tenían puesto unos trajes como de superhéroes, con los cuales también protegían mi cuerpo y mi integridad.

40

La mejor manera que tengo para explicar lo que sentía es lo que debe sentir un anciano en un ancianato, cuando su fuerza no le da más para valerse por sí mismo y alguien lo ayuda a vivir y lo protege de sus mayores temores. Así me sentía yo: con miedo, pero protegido y muy querido.

EL PROCESO CONTINUABA

Mientras tanto, en aquel cuarto del hospital, yo seguía conectado a dos máquinas, una a cada lado de la cama, que hacían un ruido que jamás olvidaré. Todo iba mejorando, poquito a poco.

Según me dice mi papá, me visitaba cualquier cantidad de médicos, entraban, me examinaban, anotaban algo en una carpeta que había allí y se iban.

Mi papá siempre estuvo a mi lado, y también mi hermana, esperando a que yo despertara. Ellos sabían que muy pronto me quitarían el tubo y saldríamos de ese lugar.

DE VUELTA AL MUNDO REAL

Durante uno de esos días, los médicos me examinaron y notaron que estaba muy bien. En resumen, tenía normalizada la presión arterial, los latidos del corazón, la oxigenación del cerebro y el funcionamiento de los pulmones, los riñones y el hígado. Entonces, redujeron los sedantes para que me despertara y decidieron extraer el tubo — o respirador artificial — a ver cómo reaccionaba.

Aquel día, pasadas las dos de la tarde, desperté. Había pasado un mes completo. Un largo mes de un coma inducido, en el que el mundo avanzó y yo, por mi parte, estuve en una cama de hospital, intentando sobrevivir.

Apenas abrí los ojos, quería levantarme y bañarme en una piscina. Tenía mucho calor, sudaba. No podía hacer lo que quería. No podía, por ejemplo, hablar porque los músculos de mi cara y mandíbula estaban muy contraídos y el tubo de respiración artificial era muy frío y me irritó mucho la garganta.

Recuerdo que tenía mucha sed y mucha hambre. Podía comerme una vaca y tomarme un río. Era algo que nunca había sentido.

Mi cuerpo, además, estaba irritado porque no me había movido durante todo un mes. No sentía ni mis manos, ni mis pies. ¿Pueden imaginarlo por un segundo? ¿Qué les pasaría por su mente si un buen día se despertaran y no sientieran su cuerpo?

Yo, en lo personal, me puse muy nervioso. Se me venían muchas ideas a la cabeza, tenía mucho miedo. Sin embargo, jamás imaginé que el resultado de aquel contratiempo que estaba viviendo sería amputarme las dos manos y los dos pies. Eso jamás lo imaginé.

Mientras trataba de entender qué estaba pasando, sentía mucho dolor en todo el cuerpo y, además, mucha picazón. También me ardían los ojos.

Hay cosas en la vida que uno da por sentado. Algo tan sencillo como pestañear se me hacía insoportable en aquel momento. Me dolía. Era como si mi piel se hubiese congelado o secado y, al tratar de moverla, sentía como si se quebrara.

Además, se me reventaron los vasos sanguíneos de mis ojos. Yo no podía verme a mí mismo, pero mi papá me contó que, en ese momento, mis ojos eran totalmente rojos, como si estuviesen llenos de sangre.

También recuerdo que tenía una sonda en el pene para poder orinar. En resumen, como podrán imaginar, aquello era toda una verdadera tragedia que no sólo estaban viviendo mi papá y mi hermana, sino que yo también sentía en mi cuerpo y en mi mente.

COMENZANDO A ADAPTARME

Luego de todo un mes sin comer por mí mismo, tenía que comenzar a adaptarme de nuevo. Durante todo ese tiempo, mi cuerpo se alimentaba por un tubo introducido en mi nariz que me proporcionaba un líquido blanco con todos los nutrientes que mi cuerpo necesitaba.

Lo primero que hice fue comenzar, poco a poco, a tomar agua a tolerancia. Luego, me dijeron que podía comer y yo, emocionado, le dije a mi papá que quería comerme un plato gigante de pabellón criollo. Sin embargo, la enfermera me trajo una galletica de soda con queso para ver si mi cuerpo lo toleraba.

Gracias a Dios, mi cuerpo lo toleró y, de allí en adelante, pude ir, progresivamente, comiendo otras cosas.

MIL PREGUNTAS

Durante aquellos días, comencé a tener muchas dudas y miles de preguntas. La verdad es que yo no podía creer todo lo que me estaba pasando. En el fondo, yo sentía que aquello era otro sueño o, peor aún, otra pesadilla en mi cabeza.

Por otra parte, las enfermeras no querían que yo me moviera. Decían que yo debía estar tranquilo y quieto por todos los aparatos y equipos que estaban conectados a mi cuerpo. Había un cable que me colocaban para medir mi ritmo cardíaco, pero como ya no podían medirlo a través de mis manos, porque estaban muy infectadas por la bacteria, me lo colocaron en las orejas o en el pecho y, si yo me movía mucho, aquel aparato comenzaba a sonar y yo me ponía muy nervioso. Mis manos ya estaban secas, como las hojas de un árbol en otoño.

Fue durante esos días cuando le pregunté a mi papá, por primera vez, cuándo nos iríamos de ese hospital para poder ir a Orlando. Él me respondió: "Preocúpate por salir de aquí porque, apenas lo hagamos, nos vamos a Orlando".

También le pregunté por el avión de regreso a Venezuela. Yo había perdido completamente la noción del tiempo. No sabía qué día era, ni cuánto tiempo había pasado. En aquella habitación no había siquiera una ventana para saber si era de día o de noche, si estaba lloviendo o si había mucho sol. Yo estaba muy confundido.

Fueron días en los que, además, me quejé y lloré mucho. No lograba entender cómo era posible que aquello me estuviera sucediendo a mí, cuando poco antes estaba bañándome en el mar y disfrutando unas emocionantes vacaciones con mi familia.

Tenía los labios hinchados. Por su parte, mis orejas, nariz, brazos, piernas, tronco y nalgas estaban llenas de llagas. Sin embargo, lo que más me impresionaba era ver cómo mis manos y mis pies se habían puesto negros y duros como el tronco de un árbol viejo y quemado.

Yo me sentía impotente porque no podía usarlas. No podía abrir los dedos ni las manos. Eran unas cosas que estaban ahí y que no servían para nada. Pero yo, a pesar de ver cómo mis manos y mis pies se iban secando, tenía la esperanza de que iban a sanarse... jamás pensé que las podía perder.

Todo aquello era muy difícil de asimilar para mí. Y, mucho más, cuando los médicos hablaban un idioma que yo no dominaba. Imagínense ustedes estar viviendo una situación de crisis en algún momento de sus vidas y que, además, tengan un montón de gente alrededor hablando sobre eso mismo, pero sin que puedan entender algo de lo que dicen. Aquello era, sencillamente, desesperante.

UNA ENVIADA DE DIOS

Durante aquellos días, me visitaba una voluntaria cristiana que regalaba biblias en el hospital y que acompañaba a las personas que más lo necesitaban.

No me pregunten cómo hacíamos pero, aunque ella no hablara español ni yo hablara inglés, nos entendíamos. Con ella orábamos y le pedíamos a papá Dios que alejara de nosotros aquella pesadilla lo más rápido posible; que nos llenara de sabiduría para entender todo lo que me estaba sucediendo. Fue, entonces, cuando aprendí a confiar en Dios y así comencé a leer La Biblia.

MÁS DIFICULTADES

En la madrugada del tercer día de haber regresado a la realidad, comencé a ahogarme con mi propia sangre. No podía respirar bien, por lo que me volvieron a colocar el incómodo tubo de respiración artificial.

Todo se paralizó de nuevo. De aquel momento, sólo recuerdo que mi hermana me decía que me relajara, que todo iba a estar bien. Durante las siguientes horas, me volvieron a realizar exámenes de sangre. Los resultados no arrojaron algo nuevo.

Los médicos, sin embargo, me cuidaban y me chequeaban frecuentemente, cada hora. En resumen, me seguían dando sedantes para mantenerme relajado y tranquilo, y así estuve durante una semana más. Obviamente, esto implicaba volver a la inactividad y, en consecuencia, nuevas ampollas en todas partes del cuerpo.

Esa semana también tuve fiebre. La bacteria estaba reaccionando al antibiótico y, como respuesta, generaba fiebre muy alta. Recuerdo que, nuevamente, me colocaron en un colchón de agua para mantenerme frío y bajarme la temperatura.

MI NUEVO MUNDO

Con el pasar de los días, fui entendiendo que aquel era como mi nuevo mundo. Un lugar donde, diariamente, conocía a nuevas personas que me ayudaban en mi proceso.

En este punto, ya todas las personas en el hospital conocían mi caso, mi historia. Recuerdo que muchos se acercaban a mí para decirme que yo era un guerrero muy fuerte y que Dios, seguramente, tenía un propósito mayor para mí. Hoy en día, mientras escribo estas líneas, entiendo que este libro es parte de ese propósito. Dios, a su manera, me ha guiado para llevar mi mensaje mucho más allá de lo que jamás hubiese imaginado.

TODO LO PUEDO, EN CRISTO, QUE ME FORTALECE

Fue así como, poco a poco, fui mejorando. A pesar de que hubo días en los que me sentía de muy mal humor y no quería comer, siempre fui optimista y supe que después de la tormenta vendría la calma.

Un día me paré bien temprano para poder hablar con mi mamá y mi abuela que estaban en Venezuela. Ellas no sabían con detalles lo que me estaba pasando —mi papá no quería preocuparlas más de lo necesario —, sin embargo, me dijeron que todo iba a salir bien y me recomendaron que siempre repitiera una frase que me ayudaría a salir adelante en la vida:

"Todo lo puedo en Cristo que me fortalece".

No se imaginan cuánto me ha ayudado esta frase para salir adelante. Siempre la repito y la llevo conmigo. Si ustedes tienen algún problema, no duden en hacerlo porque ustedes también "todo lo pueden en Cristo que les fortalece".

Desde ese momento, hablé con mi papá y le dije que quería que mi mamá viajara a Miami para estar conmigo. Mi papá estuvo de acuerdo, pero me explicó que primero debía pasar por todo el difícil proceso de tramitar su visa para poder entrar en los Estados Unidos. Yo le pedí que me ayudara y, entre él y los doctores, logramos enviar a Venezuela los documentos necesarios para que mi mamá pudiera agilizar el proceso.

UNA EXTRAÑA MEZCLA DE EMOCIONES

Por un lado, moría de ganas de ver a mi mamá pero, por el otro, no quería que ella me viera así, enfermo, tirado en una cama de hospital con las manos y los pies negros como la muerte. Para cualquier madre eso debe ser muy difícil y yo no quería hacerla pasar por eso, tenía mucho miedo de angustiarla y hacerla sufrir.

LA SEÑORA MARÍA

Pasó una semana más y yo comencé a hacer mis ejercicios de manos y pies con las señoras María y Marilyn. Ellas, entre otras cosas, me ayudaban a que los músculos no se contracturaran más de lo que estaban.

Recuerdo que un día la señora María, que por suerte hablaba español porque era de Argentina, me estaba contando sobre su vida y yo sobre la mía. En ese momento, hicimos una conexión que no tuve con nadie más. Desde ese día, se convirtió en mi mejor amiga. Si yo pensaba algo, ella era a quien se lo decía. Fue ella la primera persona que me habló sobre el tema de la amputación.

Aquel día, mientras estábamos haciendo mis ejercicios, ella me contó que una vez tuvo un caso igual al mío pero, que en aquella oportunidad, la persona había perdido sus dos manos y sus dos pies por la enfermedad, que habían tenido que amputárselos. Aquella historia me impactó. Era la primera vez que pensaba en la posibilidad de perder mis manos y mis pies.

Yo le pregunté si esa persona, a pesar de no tener pies, podía caminar. Ella, con una enorme sonrisa y una gran tranquilidad, me dijo que sí, que no sólo caminaba sino que también corría, esquiaba y hasta jugaba fútbol americano.

Yo pensé que estaba bromeando y le pregunté por qué jugaba conmigo. Ella, entonces, me dijo me estaba diciendo la verdad y buscó una foto en su teléfono para demostrarlo.

MICHAEL STOLZENBERG

Aquella fue la primera vez que vi a una persona utilizando una prótesis. Era un total descubrimiento para mí.

La señora María me dijo que su nombre era Michael Stolzenberg, un niño que había padecido la misma enfermedad que yo, con la diferencia de que él contrajo la bacteria a través de una herida que luego se infectó.

Aquel día vi muchos videos de Michael jugando fútbol americano, corriendo, caminando, divirtiéndose, y todo esto a pesar de no tener manos ni pies. Aquello era sencillamente impresionante.

La señora María me dijo que él tenía una vida normal, que iba a la escuela, que tenía muchos amigos y, lo más importante, que era feliz. También me dijo que si a mí me pasaba lo mismo, yo también podía ser feliz, que la felicidad es una elección de cada persona y no una emoción que llega de la nada.

Desde ese entonces, me quedé pensando en todo lo que hablamos. Me quedaba horas imaginando qué sería de mí si tuvieran que amputarme las cuatro extremidades. Yo no podía creerlo. Aquella conversación abría un nuevo mundo para mí.

LA DESPEDIDA

Después de varios días, comencé a ver mis manos y mis pies con tristeza, con nostalgia. De hecho, comenzaron a oler mal, como a carne podrida. Yo estaba muy deprimido, no quería comer, ni hacer mis ejercicios. Sólo quería llorar. Desde ese momento entendí que era irremediable, que ya era cuestión de tiempo para despedirme de mis manos y mis pies.

Entonces, sucedió lo inevitable. Un día me desperté y me di cuenta de que no había nadie en la habitación. Mi papá estaba afuera hablando con los doctores.

Capítulo 3

La peor noticia de mi vida

UNA REUNIÓN IMPROVISADA

Mientras mi papá hablaba afuera con los doctores, yo encendí el televisor para tratar de distraerme un poco y no pensar en todo lo que me estaba pasando. De pronto, mi papá entró al cuarto. Estaba distinto, sus ojos lo delataban.

Primero, buscó unos papeles. Luego, trató de disimular que estaba llorando, pero yo me di cuenta inmediatamente. Le pregunté si todo estaba bien. Me respondió que sí, que me quedara tranquilo, que todo iba a salir bien.

Desde aquel momento, ya yo sabía lo que me iba a pasar. De hecho, le pregunté a mi papá si estaba así porque me iban a amputar mis manos y mis pies. Él me vio con sus ojos inundados de lágrimas y me preguntó cómo sabía yo eso. Entonces le dije que era obvio, ya mis extremidades olían muy mal. Era evidente que no había nada más qué hacer con mis pies y mis manos.

Mi papá, preocupado, salió rápidamente del cuarto, diciéndome que ya volvía con el personal de doctores para que hablaran conmigo al respecto. Diez minutos más tarde, entraron unas quince o veinte personas, entre ellas algunos doctores, enfermeras, mi papá y un traductor. En resumen, me contaron la historia de un niño como yo, a quien le había pasado exactamente lo mismo que me estaba pasando a mí. Un niño que, sin embargo, había salido adelante en la vida. Era una historia muy parecida a la que me contó la señora María.

En aquella reunión improvisada que tuvimos ese día, ellos me dieron la peor noticia de mi vida. Me dijeron que ya no había más qué hacer y que, para poder salvarme la vida, tenían que cortar mis cuatro extremidades.

Me comentaron también que todo iba a depender de mí, que unos pies y unas manos no tenían por qué limitarme. Que si yo me lo proponía, iba a ser feliz igual que cualquier otra persona.

Yo, por mi parte, también había pensado en aquel escenario. De hecho, ya había tratado de imaginar cómo sería mi vida sin manos ni pies, y la verdad es que ya tenía muchas respuestas.

Entonces, los doctores me dijeron muchas cosas que ya yo había pensado. Yo esperé hasta que terminaran de decirme los planes a seguir y les dije que sí, que yo estaba muy bien y que yo lo aceptaba porque yo quería unas manos y unos pies nuevos.

Ellos se impactaron con mi respuesta. Todos parecían impresionados con la forma tan tranquila en la que yo lo tomé. Sin embargo, apenas se fueron me pregunté si podría ir de nuevo a la escuela o si algún día jugaría béisbol como siempre.

EL ANUNCIO

Al día siguiente, los doctores nos dijeron cuándo sería la operación. Una fecha que jamás olvidaré, no solo por todo lo que implicó e implicará para mí por lo que me resta de vida sino también porque es un número muy llamativo y único. La operación se realizaría el once de noviembre del dos mil once. En otras palabras, el 11-11-11.

Para ese momento, yo quería que todo pasara rápido para poder seguir con mi vida. Quería, en pocas palabras, tener una máquina del tiempo para poder evitarme toda la parte difícil y dolorosa. Sin embargo, aquello era imposible.

A UNA SEMANA DE MI OPERACIÓN

Faltaba una semana y, para ese momento, ya no me estaban colocando suero intravenoso. Yo estaba totalmente listo para ir al pabellón de ese hospital — donde nunca pensé estar—, para que me operaran.

Durante esa semana, hablé mucho con mi papá y con mi hermana. Ellos me decían que viera el futuro en positivo y que me imaginara caminando por Lincoln Road como los famosos, en una linda tarde, con mis nuevas piernas.

En el hospital, siempre me mantenían muy ocupado. Yo iba, por ejemplo, a la escuela, un pequeño cuarto donde me enseñaban muchas cosas. También jugaba con mi papá y hacía mis ejercicios.

LA VISITA MÁS ESPERADA

El personal del hospital no quería que pasara la operación sin que mi mamá estuviera conmigo. Todos los días preguntaban por ella, que dónde estaba, cómo se llamaba y cuándo venía.

Pero yo no quería que la persona que me había dado la vida me viera en esa cama del hospital, con mis manos y pies negros. No quería que viniera por lo menos en ese momento.

Recuerdo que todo fue complicado desde el principio, porque mi mamá no tenía visa ni pasaporte. Yo me preguntaba "¿cómo mi mamá iba a venir a los Estados Unidos si le faltaba todo eso?".

Mi papá habló con la trabajadora social y con un primo que estaba en Venezuela, para ver cómo le daban la visa a mi mamá, que era lo que más se tardaba. El hospital hizo una carta explicando mi condición y que yo necesitaba a mi mamá. Mi papá se la mandó a mi primo y él empezó a tramitar todo.

Fue algo tan impresionante ver cómo, mediante el hospital y un primo, hicieron que mi mamá tuviera visa y pasaporte, en menos de dos meses.

Gracias a Dios todas las puertas se abrieron y mi mamá obtuvo ambos para venir a estar conmigo. Sin embargo, decidimos que esperaríamos hasta después de la operación para que ella viajara.

EL DÍA HABÍA LLEGADO

Esa mañana yo no podía comer nada, no podía siquiera tomar agua. Era todo muy estricto. Recuerdo que me llevaron a la sala de operaciones y que todo el mundo que me veía, me sonreía. Me decían que todo iba a salir bien, que Dios nunca me iba a abandonar.

Como siempre, estaba con mi papá y con mi hermana. Entonces, llegaron los doctores. Había un cirujano plástico, un anestesiólogo y un ortopedista que me vieron las extremidades y se dieron cuenta de que una mano estaba peor que la otra, así que decidieron que tenían que amputar más arriba en la mano derecha.

LENGUAJE CORPORAL

A pesar de no hablar inglés, entendía todo lo que estaba sucediendo. El lenguaje corporal era infalible. Recuerdo perfectamente cómo ellos escribieron sus iniciales en mis extremidades. Aquello me pareció espeluznante. Sentía que estaban marcándolas por última vez.

El anestesiólogo me preguntó cuánto pesaba y cómo prefería que me anestesiara: con una pastilla o a través de mis venas. Yo le dije que pesaba 45 kilos y que prefería que lo hiciera a través del catéter.

Entonces, de repente, sentí que la luz blanca de aquella sala de operaciones se alejaba de mí, o yo de ella, de la misma forma como el sol se oculta en el mar durante un atardecer.

Capítulo 4
La amputación de mis cuatro extremidades (11-11-11)

DE REGRESO A LA VIDA

Aquello, para mí, fue como un abrir y cerrar de ojos. Así de violento. La única diferencia es que los cerré pesando 45 kilos y los abrí pesando 33.

Los doctores, aquel día, se habían llevado casi 12 kilos de mi cuerpo y, con ello, me habían salvado la vida. Aquella, en definitiva, fue la primera vez que abrí los ojos para ser testigo de mi nueva realidad.

La primera persona que vi fue mi papá. Él, como siempre, estaba ahí, con una enorme sonrisa de oreja a oreja. Al verme despertar, me dijo que yo era muy fuerte, que todo había salido muy bien y que faltaba poco.

En ese momento, yo tenía mucho dolor. Sentía que mis piernas estaban como guindando en el vacío, así como cuando uno se sienta al borde de una piscina y mete las piernas en el agua. Mi piernas estaban ahí, pero no estaban.

Como podrán imaginar, además, estaba muy asustado. No me podía mover. Mi cuerpo estaba todo vendado y, en aquella habitación, había muchos equipos médicos que hacían un ruido increíble.

Todo aquello me hacía recordar cuando mi papá y yo íbamos a jugar maquinitas. Era esa misma sensación extraña de estar en el medio de un millón de ruidos que no puedes controlar.

Hoy en día, cuando voy a jugar maquinitas con mi papá, no puedo dejar de pensar en esa sala de operaciones y en lo agradecido que estoy con la vida por haberme permitido seguir aquí para contarles mi historia.

MIS PRIMERAS REACCIONES

Poco a poco fue pasando la anestesia y así fui conociendo al nuevo Franklin. Para ser honesto, por fuera era exactamente igual que siempre, pero sin manos y sin pies. Sin embargo, por dentro, era mucho más fuerte que nunca.

Ese día me propuse a mí mismo que iba a ser más firme, que no iba a permitir que nada me limitara y que iba seguir siendo el mismo niño feliz que era antes.

Fueron pasando los segundos, los minutos y las horas. Durante esos primeros momentos, nada me hacía sentir mejor que la presencia de Dios en mi corazón. Era como algo dentro de mí que me impulsaba a seguir adelante.

Aquel 11 del 11 del 11 me sacaron del área de recuperación y me llevaron a terapia intensiva, donde ya yo había estado. Los doctores, además, ya conocían mi historia y me atendían como un miembro más de la familia.

Recuerdo, vagamente, que se me acercó un doctor dominicano, infectólogo y, tocándome la cabeza, me dijo en español:

— *¡Ese es mi tigre! ¡Tranquilo que vas a estar bien!*

Yo, por dentro, pensaba cómo podía estar bien si tenía lo que me quedaba de mis manos dentro de mi estómago. Aquello era muy extraño y hasta desagradable.

LA REVASCULARIZACIÓN

En resumen, para que traten de imaginarlo, los doctores me habían abierto una herida en el estómago para meter mis manos en mi propio cuerpo y así lograr revascularizar[2] mis tejidos muertos. Era una técnica muy extraña. Imaginen ustedes tener sus manos metidas dentro de su cuerpo todo el tiempo.

Era algo que, en ese momento, no entendía. De hecho, en mi ignorancia médica y, en pleno proceso, le llegué a preguntar a mi papá cómo iba a hacer cuando me metiera en una piscina con esas heridas en mi estómago. Yo pensaba que el agua se me iba a meter por todo el cuerpo.

Hoy en día, luego de tantas experiencias vividas, entiendo lo importante que fue ese proceso para mí. Ya las cicatrices están curadas y, en lugar de avergonzarme, me llenan de orgullo porque son el testimonio de todo lo que viví y de todo lo que un ser humano es capaz de soportar por salir adelante.

HABITACIÓN COMPARTIDA

Me llevaron, entonces, a una habitación compartida, en la cual ya estaba un muchacho. Un adolescente.

Lo que más me llamó la atención de él era su forma de expresar el dolor. Era como si no supiera manifestarlo. Al parecer, tenía mucho dolor pero se quejaba de manera muy diferente, haciendo sonidos guturales, como si estuviese dormido, apretando las manos y tapándose la boca para no gritar.

---

2. Revascularización: Proceso que permite nuevamente el flujo sanguíneo de un zona afectada o de un órgano para el trasplante en el receptor.

Yo le decía que se calmara y que me dejara vivir a mí con mi dolor. Sin embargo, luego entendí que el pobre muchacho había llegado al hospital en estado crítico, luego de haber consumido una droga sintética mientras jugaba básquet.

Aquello me parecía muy irónico y hasta injusto, de esas cosas extrañas de la vida. Yo queriendo jugar básquet y él dañándose su propia vida mientras jugaba.

COMENZABA LA ANSIEDAD

Durante aquellos días, me quedaba despierto por horas, pensando cuándo volvería a caminar. Quería adelantarme a todo, comenzaba a sentir una desesperante ansiedad.

Sin embargo, pronto comprendí que el dolor era tan fuerte que lo mejor era relajarme y dormir para ir, poco a poco, acostumbrando a mi cuerpo a mi nueva realidad.

Recuerdo que sentía puntadas tan fuertes que no sabía si las aguantaría. Fueron momentos muy complicados, de mucho dolor, en los que sentía que me estaba muriendo, poco a poco. Momentos en los que iba perdiendo mi fe.

MOMENTOS DE DESCONEXIÓN

De pronto, no supe más de mí. Me quedé dormido. Abría y cerraba los ojos y las personas entraban y salían. El tiempo seguía pasando y yo me mantenía en una especie de desconexión momentánea.

En aquel lugar, no tenía forma de saber si era de noche o de día porque, como lo dije antes, en terapia intensiva no había ninguna ventana. Recuerdo que mi papá aparecía con una ropa y cuando lo veía de nuevo estaba con otra. Lo reconocía por el olor de su perfume. Iba y venía. Aparecía y desaparecía.

El tiempo transcurría y yo seguía allí, desconectado de la realidad, sin manos, sin pies y tratando de salvar mi vida.

Aquel espacio era muy oscuro, tanto que, a pesar de que prendieran la luz, seguía siendo un lugar como de tinieblas. Era un lugar frío, misterioso. Un lugar en el que tenía mucho miedo.

LAS DUDAS

Hubo momentos en los que sentía que había perdido la batalla. Era como una montaña rusa, en la cual a veces subes y a veces bajas, en la cual das vueltas, aceleras y, de pronto, te vuelves a frenar.

En aquel momento, jamás imaginé que iba a depender de piernas hechas de fibra de carbono con titanio y unos tobillos con tres amortiguadores como los que tiene un carro en la parte de las ruedas. Me parecía imposible. Muchas veces lo dudé. Y tenía muchas razones para estar repleto de dudas.

Todos los días, por ejemplo, me despertaba en una piscina de sudor con sangre. Y no era para menos, tomando en cuenta todas las heridas que tenía.

Yo tomaba antibióticos para prevenir las infecciones; antidepresivos para manejar mis emociones en un momento tan complicado como ese; analgésicos para el intenso dolor y otras medicinas para la ansiedad y las reacciones que tenía. Lo más importante era mantenerme vivo y enfocado en mi recuperación.

LOS MOLDES, LOS DOLORES Y EL CALOR

Al inicio, me colocaron unos moldes verdes de yeso en cada pierna. Recuerdo que eran duros como el piso. Su función era asegurar que no pudiera doblar las rodillas y, con ello, que no se contracturaran los músculos de mis piernas, ya que no tenían mucho movimiento.

A pesar de que entendía la importancia de tener esos yesos, quería arrancármelos de un solo golpe y quedar libre. Aquello me daba una terrible impotencia, como una claustrofobia obligada. Era como tener una camisa de fuerza. Lo único que yo quería era quitarme los benditos moldes, pararme y caminar.

Todo eso me llenaba de rabia. Era tanta la picazón y la desesperación que tenían que sedarme. Yo gritaba y me ponía a llorar para que me sacaran de ahí. Eran demasiadas cosas nuevas e incómodas sucediendo en mi cuerpo al mismo tiempo.

Otra de las cosas que me incomodaba mucho, sobre todo cuando me movía, era un papel transparente, parecido al famoso "envoplast", que me adherían con grapas a la piel de mis nalgas para que cicatrizara más rápido. Se podrán imaginar que, cuando me movía, esas grapas me puyaban y se clavaban en mi piel, generándome más y más dolor.

Por otra parte, el calor era insoportable. Tanto así, que mi papá tuvo que comprar dos ventiladores. Yo sólo soñaba con meterme en una piscina de hielo. De hecho dormía con el aire del cuarto a 65 grados y con los dos ventiladores pegados a mi cara. Todo el que entraba a ese cuarto decía que era demasiado frío.

Parecía mentira, pero ya me habían operado y yo ya no tenía pies ni manos. Lo único que quedaba, en ese punto, era recuperarme un poco para que mi mamá viniera.

LA LLEGADA DE MI MAMÁ

Mi mamá llegó dos semanas después de la operación. Mi papá la fue a buscar al aeropuerto y yo estaba muy contento, a pesar de todos esos dolores que tenía.

Cada cinco minutos le pedía a mi hermana que llamara a mi papá para ver si ya estaba con ella. A la séptima, mi mamá contestó. Recuerdo que el corazón se me puso chiquitico y no podía esperar a estar con ella.

Para ese momento, ya habían pasado dos meses sin verla. Dos meses era mucho tiempo para mí. Sin embargo, nunca pensé que luego nos volveríamos a separar, pero esta vez por más de cinco años.

Como les decía, ya había estado más de dos meses sin mi mamá y era algo que me pegaba en las noches, cuando mi corazón latía más fuerte y mi cuerpo me pedía un poco de su cariño.

Finalmente, cuando mi mamá entró por esa puerta de cristal de terapia intensiva, no pude aguantar más y empecé a llorar como el niño que era. Ella también lloraba. Fue un momento que jamás olvidaré.

Hasta ahora, no he conocido a una persona más sentimental que mi madre. Ella me abrazó por donde podía, ya que mi cuerpo estaba repleto de vendas. Sus ojos, en ese momento, me decían que no creía lo que estaba viendo, que no podía aceptar cómo estaba su hijo menor.

La última vez que me vio estaba completamente sano y bien, con mis manos y mis pies. En ningún momento mi mamá imaginó que a su bebé le iban a amputar sus extremidades. Era algo muy difícil de aceptar para ella. Al verla así, descompuesta, decidí darle un poco de fuerza, de motivarla, para que siguiera adelante apoyándome en todo momento. Y así lo hizo.

Mi familia, al igual que un equipo de fútbol americano, decidió hacer una estrategia para poder ganar el gran juego final. Hicimos un plan en el cual mi mamá se quedaba dos días conmigo y, luego, se turnaba con mi papá.

Ya ella había llegado y teníamos que ser como el elefante: "siempre para adelante". Éramos un gran equipo.

FRANNY

Pienso que la persona más fuerte, entre todo ese calvario, fue mi hermana Franny porque en ningún momento se quejó, teniendo tan solo 17 años. Nunca me dejó solo pudiendo regresar a Venezuela. Y es que si bien es cierto que mi papá y mi mamá fueron incondicionales y jamás podré agradecerles lo mucho que me ayudaron, también es cierto que les tocó hacerlo por ser mis padres. Pero mi hermana tenía su vida, sus amigos, su carrera y dejó todo a un lado para tenderme su mano.

Ella, más bien, entendió todo perfectamente y quiso volver al *high school*, teniendo el título de bachillerato venezolano. Franny iba a estudiar odontología en la Universidad Central de Venezuela. Recuerdo que cuando llegáramos de viaje iba a hacer los exámenes para empezar su carrera universitaria. Sin embargo, aceptó que la retrocedieran un año al no saber el inglés. Fue tan fuerte que todos los días se paraba a las cinco de la mañana para poder llegar a tiempo a un colegio llamado "Alonzo and Tracy Mourning High School".

Ella siempre me demostró que nada era imposible si uno se lo proponía. Siempre llegaba como a las cuatro de la tarde con la sonrisa más grande que tuviera, así hubiese tenido el peor día de su semana.

Mi hermana me daba fuerzas para seguir adelante y, a su vez, me daba el almuerzo con el amor más bello, así como cuando alguien le da la comida a un bebé, con todo el cariño. Franny era una de las personas que más me tenía paciencia, me comprendía y hasta llegó a ser mi propia enfermera. Me cambiaba las vendas de la manera que menos me doliera —lo cual entenderán mejor más adelante — y siempre me medía la temperatura. Yo me sentía el hermano más afortunado en todo el mundo porque tenía a una familia que había dejado todo por estar conmigo y ayudarme en este difícil proceso.

EL DOLOR FANTASMA

Lo único que yo anhelaba en ese momento era estar en una playa, quería sentir el olor fresco de la olas, tener mis pies enterrados en la arena y con mis manos disfrutar un papagayo. Pero lo que realmente estaba viviendo era un dolor fantasma porque me picaban los pies que ya no tenía.

Recuerdo que me decían que era algo normal, que mi cerebro no había aceptado que ya no tenía mis extremidades.

Yo, otra vez confundido, daba patadas para ver si se me quitaba. Lo peor era que me dolía por la reciente operación. Intentaba hablar conmigo mismo, le hablaba a mi cerebro para ver si pasaba ese dolor tan desagradable.

El dolor fantasma duró poco. Y yo, sin saber lo que venía, llegué a pensar que había sido lo peor. Sin embargo, esto apenas comenzaba.

LAS VENDAS

Por ejemplo, nadie que no lo haya vivido se imagina la tortura que era quitarse las vendas cada vez que llegaba una enfermera, al menos unas tres veces al día.

Imaginen que están picando un pimentón y, sin querer, se cortan un dedo con la punta del filoso cuchillo. Luego de desinfectarlo, uno se coloca una venda o, como decimos en Venezuela, una "curita". La idea es que la herida no se infecte y sane más rápido. Sin embargo, si dejamos la venda por mucho tiempo sobre la herida, la sangre se seca, se pega a la tela y cuando uno trata de quitarla se viene, no sólo la venda, sino parte de la piel también. ¿Pueden sentirlo? Ahora hagan el simple ejercicio de imaginar lo mismo pero por todo el cuerpo. Nada agradable. Algo que, para ser honesto, a veces prefiero no recordar.

En mi caso, tenía tantas vendas que el personal de enfermeros debía cambiarlas cada ocho horas, porque estaban empapadas de sangre con el líquido que uno drena al tener una herida.

Cuando todo el hospital me escuchaba gritar, ya sabían que era la hora de cambiar mis vendas. Cada vez que le daban la vuelta a las vendas para quitármelas, podía ver toda la sangre seca de mis piernas que estaban sanando. Se podrán imaginar el dolor.

Es como si, por ejemplo, uno pegara un pedazo de cinta adhesiva en una tabla pintada de algún color. Cuando uno lo quita, se pega toda la pintura a la cinta, con la única diferencia que a la tabla no le duele. Era, literalmente, como si me estuvieran arrancando la piel. Era tan fuerte, que tuve que pedirle a los doctores que me sedaran para no sentir tanto dolor. Y así se hizo con el resto de mis cambios de vendas. Gracias a Dios.

CRISTAL

La trabajadora social del hospital, Michelle Barone, me agarró mucho cariño y recuerdo que, casi todos los días, me iba a visitar preguntando qué necesitaba.

Su hija, Cristal, había sido diagnosticada anteriormente con cáncer. Gracias a Dios ya se había curado y hacía voluntariado como payasa en el hospital. Lo hacía en sus tiempos libres porque estaba agradecida con esa gran familia.

Michelle intentó conseguirme una silla de ruedas con motor para yo moverme con más independencia y, por más de tres semanas, la estuve esperando. Era difícil porque había que esperar una donación. Sin embargo, ella por fin pudo conseguir a la persona que donaría esa silla. Para mí parecía un Ferrari verde, no sólo por el color sino también por la velocidad que alcanzaba y porque era muy pesada y bonita. Fue muy emocionante.

Al principio, fue difícil aprender a manejarla pero luego fue la mejor solución. Esa silla tenía de todo: cornetas, luces de cruces, varias velocidades, asiento reclinable. Era espectacular. Tenía hasta posa pies, algo que pensé que nunca usaría. Sin embargo, "la vida te da sorpresas".

También, como lo dije antes, tuve mis dos manos metidas en el estómago para que una parte del tejido que estaba muerto se revascularizara. Era un proceso muy desagrable. Muy extraño para mí.

Primero fue la mano izquierda. Tenía un cinturón de cuero que no me permitía moverla. Asimismo, tenía la piel de mi brazo engrapada a la piel de mi estómago. Por más que quisiera moverla, no podía.

Lo que más recuerdo es que me picaba mucho y olía muy feo. Me explicaron que eso sucedía porque el líquido linfático salía por la herida del estómago y era inevitable que sintiera ese olor.

Recuerdo que Franny, mi hermana, me lo limpiaba con toallas húmedas y con un lápiz. Ella envolvía la toalla húmeda en el lápiz y lo metía por un huequito que había entre las grapas. Después de dos semanas, me sacaron el brazo izquierdo y me lo vendaron hasta la altura del codo. Luego siguieron con el plan inicial de meter el brazo derecho con el mismo propósito por dos semanas. Fueron cuatro semanas muy difíciles.

LA PRIMERA VEZ QUE VI MIS NUEVAS MANOS

Pasadas las cuatro semanas, vi por primera vez mis nuevas manos. Eran como las manos de un esqueleto, pero a sangre viva. Fue una imagen muy fuerte. Sentí escalofríos al verlas. Podía ver mi cuerpo en carne viva, veía las venas y pensaba muchas cosas. ¿Cómo iba a ser mi vida sin dedos, sin manos? ¿Cómo podría vestirme, cómo podría comer?

Me vino a la mente la imagen de un bate de béisbol. Y me preguntaba si algún día podría agarrarlo para batear otra vez.

Hoy en día, puedo asegurarte que todos mis miedos fueron sólo eso: miedos. Porque puedo vestirme y comer incluso sin tener los dedos de mis manos. Y aun cuando no puedo batear, descubrí un nuevo deporte que sí puedo hacer y que más adelante te contaré.

Si algo he aprendido en esta vida es que todo, léelo bien, TODO se puede superar. Y que todo lo malo trae algo bueno que lo acompaña.

EL TIEMPO

Ciertamente no podemos parar o cambiar el tiempo. Así estemos en la más profunda tristeza o en la felicidad más grande, el tiempo no se detiene y la única vez que me di por vencido, que no quería seguir viviendo ese dolor y esa tristeza, fue porque ya había estado en ese hospital sin poder salir a que el sol me calentara o, por lo menos, ver los carros moverse.

Sentía que me estaba volviendo loco de tanto estar en esas cuatro paredes. Era una agonía terrible porque, además, me sentía muy estresado.

Recuerdo que mi papá se dio cuenta de lo que me estaba pasando y me dijo que me iba a mejorar, que no me preocupara. Que me enfocara en salir de terapia intensiva, que después todo iba a estar bien.

LA PISCINA DEL VECINO

Así fue. Pasaron dos días y me movieron a un cuarto que tenía ventana. A través de ella podía ver, entre otras cosas, una piscina.

Mi papá me decía que la viera, que pensara que algún día estaría de vuelta nadando en una igualita a esa. Yo pensaba que mi papá me lo decía sólo para hacerme sentir bien porque quería verme de nuevo tan hiperactivo como había sido, pero que jamás volvería a nadar. Sin embargo, no se imaginan la razón que tenía mi papá.

Hoy en día, gracias a Dios, puedo nadar sin ayuda como cualquier otra persona. Mi papá siempre me dice que soy un pescaito del fondo. Me encanta nadar, flotar, me relaja. Y todo eso puedo hacerlo sin manos y sin pies.

En ese nuevo cuarto tenía también un televisor inmenso para mí solo y un baño que parecía de hotel. El televisor era un *smart tv* (televisor inteligente) y tenía hasta teclado. Aprendí a buscar videos de otras personas que habían pasado por lo que yo estaba pasando como por ejemplo Nick Vujicic y Michael Stolzenberg. Comencé a entender que había otras personas con limitaciones que salían adelante y que, además, se convertían motivadores para los demás. Creo que en esos días pensé, por primera vez, en la opción de contar mi historia. Y ya ven, aquí estoy, escribiendo este libro.

Gracias a esa mudanza de cuarto, me sentía un poco mejor, pero no tanto como para seguir luchando por mi vida.

LA ESCAPADA

Recuerdo que mi papá fue mi cómplice en una fuga de media hora donde fui cerca del hospital a un lugar llamado Target.

No lo podía creer, estaba viviendo una aventura como la de una película. Lo que para otros era simplemente ir de compras, para mí era una total odisea.

Recuerdo que apenas salimos, vi unos árboles inmensos, hermosos y una tarde soleada y perfecta. Yo me preguntaba: "¿Cómo puedo estar allá adentro en ese hospital mientras esta maravilla está aquí afuera?". Miraba a la gente caminar felizmente y debo confesar que llegué a sentir rabia y hasta envidia.

Yo iba en mi Ferrari verde, la hermosa silla de ruedas que me habían conseguido. Mi papá le cambió la velocidad para ir un poco más rápido y estábamos nerviosos porque en ese momento yo no tenía permitido salir del hospital. Yo estaba repleto de heridas, de vendas y de miedos. Pensé, sin embargo, que de todo lo malo saldría algo bueno y que, tal vez, algún día volvería a ser como toda esta gente que estaba a mi alrededor.

Mi papá y yo tratamos de apurarnos y tan solo compramos un pretzel de azúcar con canela y regresamos al hospital.

Había logrado salir a respirar aire fresco de la calle. Recuerdo que, cuando regresé de esa asombrosa aventura de fuga por media hora, era otra persona y habían regresado las ganas de seguir adelante y de volver a ser un niño normal.

MI PRIMERA ENTREVISTA PARA LA TELEVISIÓN

Mi primera entrevista para un canal de televisión fue en el hospital. Recuerdo que una señora entró a mi cuarto y me preguntó si me gustaría salir en televisión. Pensé: "¿Por qué voy a salir en la televisión si yo no soy una celebridad". Sin embargo, sin pensarlo mucho dije que sí. Ella se fue y dijo que volvería en media hora. Recuerdo que mi familia, que estaba en el cuarto conmigo, empezó a echarme broma para que me contentara. Me decían que querían un autógrafo o una foto porque muy pronto iba a ser famoso.

Mi mamá me bañó rápidamente. A eso yo lo llamé un baño "al seco", porque sólo me había pasado toallas húmedas por el cuerpo, ya que no me podía meter en la ducha por todas las vendas y heridas que tenía. Ese fue mi primer baño luego de la operación. El primer baño del nuevo Franklin Mejías Castellanos.

También me puso ropa limpia. Entonces, llegó mi papá con una mata de sábila diciendo que eso iba a ayudar a cicatrizar las heridas más rápido y también para que no me quedaran queloides. Con un cuchillo cortó una de las ramas y pude ver cómo salía un líquido espeso que luego me pasó por todo el cuerpo.

Imagínense: estaba todo lleno de sábila, así como cuando alguien se enjabona y no se echa agua. La única diferencia es que ese líquido espeso de la sábila es como pegajoso y yo, cubierto de ese pegoste, iba a estar en mi primera entrevista para un canal de televisión.

Apenas terminaron de colocarme la sábila, llegaron los camarógrafos con todos sus equipos y, detrás de ellos, llegó también una muchacha con un perro terapeuta que trabajaba con niños enfermos. Mi reacción fue mágica porque tenía mucho tiempo que no veía a un animal y siempre me han gustado mucho los perros. Yo quería tocarlo, abrazarlo.

Apenas pasó por la puerta de mi cuarto, le dije a mi papá que por favor me trajera mi Ferrari verde —la famosa silla de ruedas—. Era algo nuevo para mí, porque al principio yo no sabía cómo manejarla, pero era muy divertido. Y cuando la usaba, podía ir a donde quisiera.

Mi papá me trajo la silla, me cargó y me sentó en ella. En ese momento, lo que yo quería era ir a tocar al perro y así lo hice. Me sorprendió que, apenas me acerqué a él, comenzó a lamerme todos los brazos, imagino que atraído por la sábila que tenía en el cuerpo. A mí no me importaba. Yo seguía dándole cariño y recuerdo que se me pegaron todos sus pelos.

La entrevista comenzó y yo estaba nervioso por todas esas cámaras y toda esa gente en mi cuarto. Se trataba de una entrevista sobre el trabajo que puede hacer un perro terapeuta cuando interactúa con un paciente que lo necesita.

Me preguntaron por mi historia. Claro, en ese momento no estaba tan desarrollada como ahora. Apenas estaba saliendo de una operación donde, a mis 12 años, me habían quitado mis dos manos y mis dos pies.

En ese momento, por primera vez, tuve que hablarle a una cámara de video y a una gente desconocida. Creo que ese día entendí que tenía que perder el miedo escénico y ser yo mismo en cualquier circunstancia, incluso sabiendo que, probablemente, esa entrevista la verían millones de personas. También hablaron con mis padres y los entrevistaron.

Al final me pidieron que paseara al perro por el hospital con mi hermosa silla de ruedas. Yo tenía un poco de miedo de pisar al perro con la silla porque no sabía muy bien cómo conducirla pero gracias a Dios todo salió muy bien.

Al final de la entrevista, recuerdo que el perro, con su boca, me trajo un peluche que decía: "Que te mejores pronto".

MI NUEVA FAMILIA

Los doctores nos dijeron que ya estaba fuera de peligro. Según ellos, sólo tenía que esperar que el tiempo pasara.

A mi cuarto llegaban muchas personas con regalos, comida o dinero para poder seguir adelante. Ellos entendían que nosotros estábamos en un país que no era el nuestro, donde no teníamos recursos.

Las personas que llegaban a mi cuarto, se alegraban al verme a mí con ese ánimo de seguir hacia adelante. Tanto era así, que volvían dos o tres veces a visitarme. Hoy en día, algunas de esas personas son como mi familia y hemos creado una amistad muy bonita.

Un ejemplo de esto es la familia Cardoso, de quienes les hablaré más adelante, porque ellos merecen que ustedes sepan lo importantes que fueron y que siguen siendo en mi vida.

También hubo una persona muy significativa para mí en el hospital. Era una señora mayor, con cabello amarillo, lentes y, sobre todo, un gran corazón. Siempre, cuando podía, pasaba por mi cuarto a darme buenas energías y predicarme la palabra de Dios.

Recuerdo que yo no entendía muy bien lo que ella decía porque era americana. Sin embargo, existe un idioma universal que no necesita palabras y, de esa forma, yo sentía su paz interior, su amor y su felicidad al estar conmigo.

Después de un tiempo, cuando ella llegaba, yo me contentaba y orábamos juntos. Sentía que ella era una persona con mucha fe y me la trasmitía cada vez más y más.

También me gustaría contarles acerca de la señora Xiomara y el señor Víctor. A ellos los conocí más adelante, el día que salí del hospital. Pero eso se los contaré en su debido momento.

Todos estos encuentros con personas maravillosas son algunas de las razones por las que siempre le doy gracias a Dios: porque no hay algo más importante en esta vida que el apoyo de la gente cuando verdaderamente lo necesitas. Hoy en día, soy quien soy, gracias a toda la gente que ha estado a mi lado.

SEMANA DE ACCIÓN DE GRACIAS

La semana de "Acción de Gracias" se acercaba y yo estaba confundido porque no sabía qué significaba eso. En Venezuela no se celebra esta fecha.

Algunas personas me decían que era el día del pavo y, en lugar de aclararme, me confundían más porque yo nunca había comido pavo y veía pavos por todas partes. No me parecía algo positivo. No entendía qué celebraban.

También me decían que era el día más importante en los Estados Unidos, el más celebrado, inclusive más que la Navidad. Sin embargo, todo para mí se aclaró cuando me explicaron que se trataba de un día dedicado a darle gracias a Dios por todo lo bueno que tenemos en nuestras vidas.

Yo le di gracias tanto por lo bueno como por lo malo que estaba viviendo porque algo me decía que, detrás de esa pesadilla, venían propósitos excelentes.

Entonces, llegó ese cuarto jueves de noviembre y recuerdo que una muy buena amiga llamada Maisha West, que en ese momento trabajaba en el club house del hospital (una habitación donde mi familia dormía, comía y se bañaba), llegó a compartir con nosotros.

Por cierto, Maisha fue una persona muy especial que se involucró mucho conmigo y con mi historia. Ella estaba impactada porque me realizarían las amputaciones, así que el día antes de mi operación me dijo que traería a otras cinco personas para rezar en mi habitación y pedir por mí. Y así lo hicieron. Todos a mi alrededor estuvieron rezando en mi favor por una media hora. Yo no entendía nada porque era en inglés, pero la verdad es que me llenó de una fuerza que no tenía en ese momento.

Ese día de Acción de Gracias lo pasamos viendo películas y comiendo arepas como buenos venezolanos. Las arepas, para quienes no las hayan probado, son lo más rico que hay en el mundo. Son como tortas de harina de maíz precocido que se abren por la mitad y se rellenan con lo que uno prefiera, por ejemplo, queso, jamón, carne o huevo.

Mi papá hizo arepas para nosotros, pero cuando entró la primera enfermera y dijo que olía muy rico, decidió seguir haciendo más y más arepas para todas las personas que estaban ese día en el hospital. Yo diría que terminó haciendo tantas que pasó de las cincuenta y, de alguna forma, en ese momento terminé de entender qué era el día de Acción de Gracias. Nosotros estábamos muy agradecidos por tener un cuarto en un hospital y una vida por delante.

MICHAEL STOLZENBERG

Una de mis motivaciónes fue un niño que había pasado por la misma condición que yo. Era aquel niño del que la señora María, la terapeuta, me había hablado antes de la amputación.

En aquel momento, ella me dijo: "Si a ti te llegan a amputar las manos y los pies, eso no te va a impedir ser un niño normal". Yo no le creía pero ella me dijo que lo entendería mejor si buscaba la historia de Michael Stolzenberg.

Entonces decidí buscar sus videos y los vi todos. Era impresionante. A pesar de no tener sus dos manos y sus dos pies, él puede correr, jugar fútbol americano, lacross y, además, es una figura pública que tiene tiempo para ofrecer al mundo mensajes motivacionales.

Una persona sencilla, increíble, a quien nunca me imaginé conocer en persona. Primero, porque vivía muy lejos. Y, segundo, porque al parecer siempre estaba ocupado. Pero si algo he aprendido es que las sorpresas siempre están por ahí, listas para cambiarte la vida.

Un día estaba en la cama del hospital, sin ropa, sin ganas de comer y se abrió la puerta de la habitación.

Era Michelle, la trabajadora social. Detrás de ella venía un niño con una gorra en la cabeza que caminaba sin dificultad. Al principio no me di cuenta de que le faltaban las manos. Era Michael Stolzenberg quien tenía unas prótesis de fibra de carbono con titanio en las piernas y había decidido pasar por el hospital para conocerme.

Cuando lo vi por primera vez me dije a mí mismo que quería ser como él. Esa mañana, Michael me explicó cómo era su día a día, sus prótesis, cómo escribía y cómo corría. Para mí era como un espejo, es decir, una referencia perfecta para saber hacia dónde debía ir.

Él fue una de las personas que me llevó un regalo. Recuerdo que era una rana azul con los ojos amarillos. Era tan suave como una flor y tan cómoda como una almohada. Me dijo que siempre iba a contar con él.

Los padres eran muy amables, aunque como hablaban en inglés, no entendía lo que decían. De hecho, para poder entender a Michael teníamos un traductor.

Michael tenía hermanos y yo veía cómo él los trataba y cómo ellos lo trataban a él. Era una relación normal. Toda su familia lo trataba como el niño normal que era. Y, de hecho, él iba a la escuela y tenía muchos amigos.

Siempre pensé que en un futuro nos íbamos a reencontrar estando los dos de pie. Y, de hecho, así sucedió varios años después.

MI MEJOR AMIGO DE GUYANA

Todos los días, las personas del hospital me motivaban a despertarme temprano para ir a la escuelita con el profesor Josh.

Recuerdo que él, siempre que me veía, me decía en español y con un marcado acento gringo: "¿Cómo está mi mejor amigo de Venezuela? Yo tenía que responderle: "¿Cómo está mi mejor amigo de Guyana?", porque era de allá y era la única persona que conocía de ese país.

Con él, siempre leía en inglés porque para mí era importante aprender el idioma. Usábamos la computadora y yo veía muchos videos en inglés para poder entenderlo.

Sin embargo, su mayor aporte fue motivarme a escribir de nuevo, ya sin la ayuda de mis manos. Sonaba muy difícil, pero no lo fue. Michael me había dejado una idea de cómo hacerlo, y así era como yo también iba a escribir.

Un día Josh y yo estábamos practicando problemas de matemáticas. Él decía que yo era muy bueno, y me propuse que tenía que escribir la respuesta. No entendía cómo unos simples números podían ser tan difíciles de escribir. Yo intentaba hacer el número cuatro pero parecía un nueve y el nueve parecía un ocho.

Recuerdo, sobre todo, mi emoción cuando escribí esos números todos torcidos. Grité "Sí puedo" en español, aunque nadie me entendiera.

Ahora, luego de mucho esfuerzo y mucha práctica, puedo escribir igual que cuando tenía mis manos. De hecho, puedo escribir de corrido o con letra de molde. Hay quienes dicen que escribo mejor que ellos.

Hoy quisiera agradecerle a Josh y a todas las personas del hospital que me ayudaron en mi recuperación. Nunca podré expresar todo el agradecimiento que les tengo.

TUBO EN LA NARIZ

Los días seguían pasando. Yo tenía un tubo finito que me entraba por la nariz, me pasaba por la garganta y me llegaba casi hasta el estómago, el cual tenía la función de alimentarme. Yo no quería comer, tal vez por todas las medicinas y los antibióticos que estaba tomando.

Llegué a pesar menos de treinta kilos, cuando realmente debía estar pesando 45 o más. Era, literalmente, un hueso y para mí era muy desagradable porque sentía que estaba tomando agua todo el tiempo. Pero en realidad no era agua, era un líquido blanco que llegaba a mi garganta, como una cascada, las veinticuatro horas del día para alimentarme.

Eso era lo único que yo comía. A diferencia de cualquier otro momento de mi vida, no me provocaba una arepa con carne mechada o un jugo de fresa, ni siquiera una torta de chocolate. Inclusive, no lo toleraba en mi mente, algo que no es normal en mí porque siempre he sido de buen comer.

Recuerdo cuando mi familia me cocinaba mi comida preferida: pescado frito. Ellos sabían lo mucho que me gustaba y me lo preparaban cada vez que se podía. Igual pasaba con el pollo empanizado, las empanaditas fritas y los famosos tequeños.

Mi mamá, al igual que toda mi familia, estaba muy preocupada porque me veía muy flaco. Fue tanta la preocupación que mi familia llegó a convencer a los doctores para que esto cambiara.

EL BAUTIZO

Mi papá estaba muy preocupado por mi estado y, en aquel momento, recordó que hasta ese día no me habían bautizado. A pesar de que mi familia es muy religiosa, no habían dado ese paso tan importante en el cual, a través del agua, nos acercamos más a Dios.

Fue así como durante aquellos días, en pleno hospital, mi papá decidió bautizarme. Lo primero que hizo fue conseguirme mis padrinos, que no fueron dos, sino cuatro. De un día para otro, él llamó a unas personas que habían estado cerca de nosotros, que se habían enterado de mi caso, y les preguntó si querían ser mis padrinos. Ellos lo aceptaron encantados de la vida y allí estuvieron al día siguiente, junto a un padre católico que celebró el sacramento.

Aquel día me pusieron la cabeza hacia atrás, me la mojaron y oraron por mí. Mis padrinos pusieron sus manos sobre mi cabeza y, de allí en adelante, quedaron como parte de nuestra familia. Ellos son: Roger Cedeño y su esposa, Ivón Fernández. Los otros, Rafael Figueredo y su esposa, Yelitza.

Fue así como, sin haberlo planificado, fui bautizado. Un bautizo bastante inusual.

MÁS QUE JUGUETES, FELICIDAD

Diciembre se acercaba y con él la Navidad. Yo nunca pensé que la Navidad sería la época más feliz durante mi estadía en ese hospital.

Los cascabeles sonaban cada vez más fuerte y todos los días llegaban a mi cuarto muchas personas a darme regalos.

La primera vez, recuerdo que yo estaba con mucho dolor en mi cama, casi durmiendo, cuando tocaron la puerta de repente. Mi papá se paró del mueble verde en el que pasó tanto tiempo junto a mí y, sin preguntar quién era, abrió de golpe. Era una señora de cabello corto que no paraba de sonreír y que nos preguntó si queríamos recibir un juguete en Navidad.

Mi respuesta fue un evidente "sí" y, al asomarme un poco más, me impresionó lo que ellos traían: toda una juguetería sobre unos carritos de dos pisos que casi ni se veían entre tanto papel de regalo.

Me emocioné tanto que salí a buscarlo inmediatamente, a pesar del dolor que tenía en todo mi cuerpo. Al abrirlo, vi que era un juego de Monopolio. Apenas lo abrí le dije a mi familia que quería jugar con ellos y así lo hicimos.

Eso era todos los días. Recuerdo que el clóset de mi cuarto estaba lleno de juguetes nuevos que no había podido abrir. Eran muchos y para mí era emocionante tenerlos. Esos juguetes me alegraban la vida y me hacían olvidar lo que estaba pasando.

Tres años más tarde, una persona famosa que luego se convirtió en un excelente amigo, Nelson Bustamante, me preguntó cuál era mi sueño para la Navidad. Sin pensarlo mucho, le respondí que quería regresar a ese hospital, donde había recibido tanto cariño, para llevarle a los niños esa alegría que tanto necesitaban. Nunca imaginé que iba a tener la oportunidad de devolver ese bonito gesto que tuvieron conmigo. Pero esta historia te la contaré más adelante.

UNA SOPITA DE PESCADO

El 23 de diciembre yo estaba muy deprimido. No quería hablar con nadie. Sin embargo, el teléfono sonó y, con él, comenzó a cambiar mi día. Era mi padrino, Roger. Luego de preguntarme cómo estaba, me dijo que quería visitarme y que si tenía ganas de que me llevara algo de comer. Yo le dije que sí, que quería una sopa.

Aquel día, cuando llegó, nos sorprendió a todos. Entró, como siempre, con una gran sonrisa y con unas cacerolas grandes, donde él mismo había preparado una sopa de pescado.

Aquello nos impresionó porque no fue que se paró en un restaurante a comprarla, sino que él mismo se dedicó a preparar aquella sopa en su casa y eso marcó mi vida para siempre. Estaba buenísima, por cierto, y me la tomé completica.

LAS SORPRESAS

El 24 de diciembre había llegado. Ese día me paré tarde porque la noche anterior me había quedado viendo películas con mi papá. Cuando desperté, estaba un poco triste porque la mayoría de los 24 de diciembre solía pasarla con mi mamá y con mi abuela Olga, quien hacía la mejor cena navideña del mundo. No se imaginan cuánto extrañaba a mi abuela.

A pesar de todo lo que extrañaba a mi familia y a mi país, decidí aceptar que todavía me quedaba tiempo en el hospital. Entonces, dejé la tristeza a un lado y fui al club house, que era donde mi familia se quedaba. En ese momento había un evento para los niños. Saludé a Maisha y subí. Disfruté como nunca porque comí muy rico. Había como una pequeña obra de teatro con los enanos de Santa y la pasamos muy bien.

A las dos horas, cuando ya estaba cansado, le dije a mi papá que quería irme a mi cuarto. Entonces, cuando estábamos en camino a la habitación, un guardia de seguridad nos dijo que no podíamos entrar al piso porque estaban limpiando el cuarto. Yo me molesté porque estaba sudado y la almohada que yo me había puesto en mis nalgas estaba completamente mojada de sudor.

Imagínense el panorama. Yo le dije a mi papá que fuera a ver qué estaba pasando. Él fue y, cuando regresó, se estaba riendo. Yo le pregunté qué había pasado y él me dijo, un poco nervioso, que no pasaba nada pero que había que esperar un poco más.

Entonces bajamos a hablar un rato con John y Pedro, los valet parking del hospital. Ellos se habían convertido en nuestros amigos, siempre me animaban y, además, hablábamos del día a día. Hoy no sólo son mis amigos sino también son testigos de mi recuperación.

Una hora más tarde subimos a la habitación y, entonces, entendí por qué mi papá había estado nervioso. Fue una sorpresa increíble, me sentía en mi cuarto porque los enfermeros me habían personalizado la habitación de forma tal que me sintiera en casa. Me lo decoraron con "Phineas and Ferb", una comiquita de Disney Channel que me encantaba y que siempre veía, con calcomanías pegadas en las paredes, sábanas, peluches y un reloj de "Perry el ornitorrinco". Estaba tan agradecido que no lo creía y me puse a llorar. Todos en el hospital me demostraban que me admiraban mucho. Ellos me impulsaban a seguir adelante.

Llegó la hora de comer y nuestra mesa de comida era la cama, con hallacas, uvas y pan de jamón. Estaba muy contento, las hallacas me gustaban pero, sobre todo, me recordaban mucho a mi abuela Olga. En su casa, cuando hacíamos hallacas, yo era el amarrador oficial.

La verdad es que yo no tenía mucho apetito, pero con sólo ver a casi toda mi familia alrededor de esa "mesa" improvisada, ya era suficiente para sentirme motivado a comer con ellos, en especial para estar agradecido con Dios por haberme dado una familia tan especial.

EL MONSTER TRUCK

A las doce, de repente mi papá se desapareció y, media hora después, llegó con una caja enorme. Yo ya estaba cansado, pero ese motivo me mantuvo despierto. Quería saber qué había ahí adentro.

La gran caja era un camioneta "Monster Truck" a control remoto. Era un regalo sorpresa que me había comprado mi papá. En el momento en el que vi el carro, recordé cuando mi papá me llevaba al Parque Los Caobos, en Venezuela, a manejar un carro a control remoto que daba vueltas como un trompo, pero este era mucho más grande que aquel.

Entonces, a pesar de la hora, mi mamá me vistió y bajé con mi carro muy contento a manejarlo. Estando abajo, mi papá me dio el control por primera vez y, cuando aceleré, sentí la furia de la camioneta. El carro iba a donde yo quisiera. Hacía un sonido potente, tenía luces. Recuerdo que había unos arbustos con flores y yo les pasaba por encima con el carro una y otra vez.

Me sentía fuerte y poderoso porque tenía el poder del carro. Duré manejándolo como media hora, hasta que se quedó sin pila. Entonces, me puse triste, porque quería seguir jugando.

La emoción con el "Monster Truck" me duró hasta un día en el que había llovido y, por lo tanto, el piso estaba mojado. Había un gran charco de agua y yo lo sumergí exponiendo la parte eléctrica. Hasta ahí llegó el Monster Truck. De repente, empezó a echar humo y comenzó a oler a quemado. Mi papá tuvo que comprarme otro, se podrán imaginar lo molesto que estaba.

Capítulo 5

Mi única misión: recuperarme

COMIENZA LA RECUPERACIÓN

Los siguientes meses fueron de extrema recuperación. Yo sentía que ya era la hora de salir del hospital, me sentía mejor física y emocionalmente. Y, por otra parte, ya estaba cansado de estar ahí. Llevaba cerca de cinco meses en ese hospital, pero yo sentía como si hubiesen pasado cinco años.

Lo que yo aún no tenía muy claro era que venía un proceso de recuperación física muy importante, sin el cual era imposible para mí salir del hospital.

Mi familia, entonces, decidió hacerme un horario para volver mis días más divertidos. Por ejemplo, me ponían un horario para comer, otro para ir a la escuela y, lo más importante, horarios específicos para hacer ejercicios físicos. Así, yo tenía razones y horas exactas para seguir adelante.

También, mientras pasaba el tiempo, tenía menos dolor, menos vendas en el cuerpo y se acercaba más la hora de salir de esa etapa. Yo sentía que mi vida iba a ir mejorando poco a poco y que, algún día, podría volver a jugar béisbol, por ejemplo. La vida, sin embargo, me sorprendería más adelante.

Para poder curarme, entre los horarios establecidos, yo hacía muchos ejercicios todos los días pero, de tantos que hice, comenzó a dolerme la rodilla izquierda. Un dolor tan fuerte que ni siquiera podía doblarla.

La verdad no sé si me dolía más la rodilla o pensar que todo lo que había alcanzado, hasta ese momento, había sido en vano. Por eso, decidí seguir haciendo ejercicios a pesar del terrible dolor que sentía. Me dolía mucho, pero yo insistía e insistía, pensando que lograría recuperarme en cualquier momento.

Poco a poco, el dolor fue incrementando hasta que se volvió, literalmente, insoportable. Me frustré tanto con ese dolor que decidí no mover más mi rodilla y así estuve durante dos semanas. Lo que jamás imaginé es que eso sería todavía peor para mí porque, cuando la intenté doblar de nuevo, estaba completamente contraída. No la podía flexionar. Era un proceso muy frustrante.

Gracias a Dios, y con la ayuda de las terapeutas, la fui doblando cada vez más. Después de un tiempo, el dolor desapareció pero ya el daño estaba hecho. Mi pierna estaba contraída y cuando yo intentaba estirarla o doblarla no podía porque tenía un gran queloide en el lateral derecho.

LAS PRÓTESIS

Michelle Barone, la trabajadora social del hospital y gran amiga que me ayudó, entre otras cosas, a tener mi Ferrari verde, había conseguido una cita en un hospital ortopédico llamado Shriners, para tratar de conseguir mi primer juego de prótesis. Como podrán imaginar, era un cita muy importante para mí porque ahí se iba a definir el resto de mi vida.

Los doctores del Joe DiMaggio estaban muy preocupados porque yo no estaba listo todavía para salir del hospital pero para mí era clave no perder esa cita.

LA GRAN PREGUNTA

Todos estuvieron muy pendientes de mí. Cada día me hacían exámenes de sangre, me preguntaban cómo me sentía y un día me hicieron una pregunta que nunca olvidaré:

— ¿Estás listo para irte?

¿En realidad yo estaba listo para salir de ese hospital? ¿Podría estar bien sin la ayuda de toda esta gente que noche y día trabajaban para que yo saliera adelante? ¿Cómo me verían las personas ahora sin pies y sin manos? ¿Cómo podría yo interactuar con ellos? ¿Cómo sería mi nueva vida?

Yo tenía miedo cuando les respondía, porque no sabía si iba a estar bien fuera del hospital.

LA RESPUESTA

Sin embargo, mi respuesta siempre era: "Sí" porque algo dentro mí me decía que todo iba a estar bien y que, a fin de cuentas, sólo había perdido algunas partes de mi cuerpo. Sólo eso. Tenía —y sigo teniendo— muchas otras razones para vivir: mi familia, Dios, mis sueños, mis sentimientos y una vida entera por delante. Ya con todo eso era más que suficiente para decir siempre que sí.

Yo pensaba cómo iba a ser mi vida después de todo lo que me había pasado. Lo primero que me venía a la mente eran cosas malas, miedos, inseguridades, rechazo social, pero nunca llegué a imaginar que todo iba a ser mucho mejor que antes. Más adelante se darán cuenta por qué lo digo.

EL GRAN DÍA

El gran día había llegado. Salí del hospital el primero de marzo del 2012. Yo no podía creerlo. Había permanecido allí seis meses. Parecía una eternidad.

Las personas del hospital me hicieron una gran despedida. Fue muy emocionante, algunos hasta se pusieron a llorar. Cada uno de ellos me abrazó, todavía cierro los ojos y me transporto a ese momento tan único y especial para mí. Fueron abrazos tan sinceros y profundos que aún hoy están conmigo.

También corrieron la voz por el hospital y mucha gente llegó a despedirse de mí. Me sentía importante, querido, apreciado por todos. Me sentía optimista. Me sentía lleno por dentro.

Entre tantas personas, hubo una pareja en específico que un día, durante mi estadía en el hospital, me fue a visitar pero coincidió con un proceso de injertos de piel en el que me tenían que dormir. Así que ellos me vieron a mí pero yo no los pude conocer a ellos. Sin embargo, el día que salí del hospital los vi por primera vez en persona. Ella era una señora elegante, pequeña, de pelo corto llamada Xiomara y él, Víctor, era un hombre muy elegante y amable.

En ese momento cuando los conocí, no imaginé que ellos y, especialmente, la señora Xiomara, terminarían siendo unos ángeles de la guarda para mí. Ella, más adelante, me apoyaría organizando distintos eventos para recaudar fondos y ayudarme a seguir adelante. Sin ella, y sin la ayuda de otras personas como ella, no sé cómo hubiésemos logrado sobrevivir en este país. Él, entre otras cosas, con sus mágicas manos de chef, me preparaba los más deliciosos platos de comida. Por eso, ellos dos se convirtieron en parte de mi nueva familia. Una nueva familia maracucha que la vida me ha regalado.

Durante seis meses, viví muchas experiencias en ese hospital que me hicieron, en gran parte, la persona que hoy soy. Y cuando lo visito ahora, todos los momentos vienen a mi cabeza como cuando uno ve fotos de su pasado y se transporta en una máquina del tiempo. Lo mejor de todo es que son recuerdos de un complejo proceso que ya he superado. Pero esto apenas comenzaba. Yo ni siquiera imaginaba lo que me tocaría después.

Cuando nos dijeron que me darían de alta no teníamos pensado adónde irnos. No teníamos ni casa ni familia en los Estados Unidos. Sólo teníamos el Ferrari verde que, por cierto, pesaba más de 200 kilos y algunos peluches, juguetes y ropa. Yo le veía la cara a mi papá y, sin decirle nada, pensaba: "¿Nos iremos a Venezuela?".

Mi papá había alquilado una camioneta para poder llevar todas las cosas que teníamos, incluyendo el Ferrari verde. Sin embargo, nunca pensamos que la silla de ruedas iba a pesar tanto. Recuerdo que, para montarla en la camioneta, se necesitaron más de cinco hombres. Al final lo logramos. No fue fácil. La silla nos había dado muchos dolores de cabeza durante mi estadía en el hospital, sobre todo a mi papá, que era el que tenía que montarla en la camioneta o transportarla.

La silla lo pisó, lo rasguñó, incluso recuerdo que lo hizo caer al piso varias veces. Pero mi papá es una de esas personas que cuando se propone lograr algo, lo hace. Y así fue como, con el tiempo, se ingenió una forma para montar la silla de ruedas a través de unas tablas de madera que compró en Home Depot.

Al llegar a cualquier lado, mi papá se bajaba primero, sacaba sus inmensas tablas, abría el baúl de la camioneta y yo veía que las personas lo miraban como diciendo "¿Qué va a hacer este loco? ¿Qué va a hacer con esas tablas en un estacionamiento o en el medio de la calle?". Pero ese loco, que era mi papá, lo único que estaba haciendo era gran un esfuerzo sin igual para motivarme y ayudarme a salir a la calle para hacer mi vida.

Ese día, cuando salimos del hospital, mi papá, Franny y yo nos veíamos las caras. Hablábamos sin hablar. Nos decíamos todo sin decirnos nada. Y entre los tres había algo como un enorme signo de interrogación que nos envolvía.

LOS CARDOSO

Como lo había mencionado antes, muchas personas conocían mi historia. Obviamente, a la gente le llamaba la atención y muchos estuvieron ahí para ayudarnos de manera desinteresada.

Sin embargo, hubo una en específico que nos hizo sentir que teníamos más que una familia aquí en los Estados Unidos. Les estoy hablando de los Cardoso Viteri, una familia ecuatoriana que vivía cerca del hospital y que llegó a mi cuarto con el propósito de ayudarme hasta el final.

Dicen por ahí que todo lo bueno llega cuando uno menos se lo espera. Y esto que voy a contarles es un buen ejemplo de ello.

Recuerdo que ese día yo estaba de mal humor porque me encontraba en ayuno y tenía mucha hambre. Entonces, se abrió la puerta de la habitación y apareció una señora alta de pelo marrón, acompañada de un señor canoso, alto también, quienes se presentaron muy amablemente y se pusieron a la orden. De ahí en adelante, todos los días me visitaban. Me traían comida, veíamos películas juntos y nos fuimos convirtiendo, poco a poco, en la familia que hoy somos.

A Cynthia y Domingo Cardoso hoy les digo "tíos". Ellos nos ofrecieron su casa en ese momento crucial en el que estábamos, literalmente, en la calle.

Para entonces yo no lo entendía. ¿Cómo una persona que ni siquiera te conoce totalmente te ofrece su casa para que vivas allí? Era impresionante. No tenía sentido. ¿Cómo alguien metía a unos extraños en su hogar? Pero ellos lo hicieron. Y eso es algo que siempre agradeceré y que, además, siempre tendré presente, no sólo como una inmensa ayuda en un momento crucial sino, sobre todo, como una gran lección de vida.

Recuerdo que la hija mayor, María Alexandra, nos dio su cuarto porque era el que quedaba en la planta baja y ella se mudó al cuarto de su hermana Daniela, para que nosotros pudiéramos estar más cómodos.

Era algo tan impresionante que yo me sentía en casa sin estar en ella. Mi tía Cardoso algunas veces me cocinaba. Recuerdo que me encantaba su comida, ella se destacaba. Me hacía salmón, comida ecuatoriana y sus famosos batidos de frutas.

A pesar de haberla conocido hacía menos de dos meses, siempre trataba de consentirme como si tuviésemos la misma sangre. La vida me demostró, y hoy quisiera demostrárselo a todos ustedes también, que la sangre no es la única forma de conectar a dos personas. El afecto, el cariño y la incondicionalidad son a veces más importantes.

Poco a poco, fui conociendo a más integrantes de esa humilde y amorosa familia. Todos me aceptaban y me trataban como si me conocieran de toda la vida.

Por ejemplo, estaba la mamá de Cynthia, la señora Gigi. Una mujer mayor, de pelo corto, marrón, pequeña, ligeramente encorbada, que me decía que no comiera mucha carne. Siempre me recordaba que al cuerpo humano le cuesta digerirla y que era mejor comer frutas.

OTROS INTEGRANTES DE MI NUEVA FAMILIA

Gracias a la familia Cardoso, llegaron otras personas a mi vida. Por ejemplo, José Santiago y su esposa, Xiomara. Ellos eran pastores de la iglesia *Hollywood Community Church*.

Según me contó mi papá, ellos oraron muchísimo por mí. De hecho, hicieron cadenas de oración para que yo lograra recuperarme. ¡Imagínense ustedes! Eran personas de todas las edades, de las más diversas nacionalidades, pidiendo y rezando por mí, a pesar de que apenas me estaban conociendo.

Yo, hoy en día, estoy convencido de que esas oraciones, al final, fueron claves para mí y me ayudaron a sobrevivir.

SIN CARA DE TONTO

Los días pasaban y diariamente me tomaba más de doce pastillas y medicamentos que me mantenían fuera de peligro, pero que sabían a agua sucia.

Una anécdota que siempre recuerdo es una vez que no quería tomarme una pastilla porque era muy grande y me costaba tragarla, me dolía cuando pasaba por mi garganta. Mi tía Cardoso me había hecho un jugo de fresa y yo me puse contento porque amaba sus jugos. De hecho, los jugos naturales me recuerdan cuando yo iba con mi mamá a un mercado en Venezuela a desayunar. De nuevo, era para mí como transportarme en el tiempo.

Resulta que, cuando probé el jugo de fresa que me hizo mi tía, me supo extraño. Tenía un sabor amargo. Recuerdo que arrugué mi cara y le dije que estaba sabroso para no despreciarla y para que no se sintiera mal.

Cuando ella salió del cuarto, yo empecé a olerlo y no me lo quise seguir tomando. Pasaron como diez minutos cuando mi tía regresó a buscar el vaso y el jugo estaba completico. Ella me preguntó por qué no me lo había tomado. Yo no quise mentirle y le dije la verdad. Entonces, ella empezó a reírse diciéndome:

> — No, mijito lindo, a usted nadie le puede ver la cara de tonto. Ya le voy a hacer otro.

Resulta que mi papá le había echado la enorme pastilla al jugo para ver si así yo me lo tomaba. Pero, como ven, esta vez no se salieron con la suya. Mi tía Cardoso me hizo de nuevo el jugo y, entonces, me lo tomé con todo el gusto del mundo.

LA GRAN CITA SE APROXIMABA

La cita en el hospital ortopédico era la siguiente semana. Y, de tantas medicinas que yo tomaba, me empezó un dolor de cabeza que cada vez era más fuerte. Era como una bola de nieve porque se le iban sumando los problemas.

Yo sentía que era como que si la cabeza me fuese a explotar. Tampoco podía ver la claridad porque el dolor se incrementaba. Yo parecía un vampiro. Solo me sentía cómodo en la oscuridad.

Dormía 20 horas al día y después no comía porque a uno, cuando tiene migraña, se le quita el apetito pero, si no comía, me dolía más la cabeza, y así sucesivamente. Era como una culebra que se mordía su propia cola, un círculo vicioso.

El fin de semana había llegado y yo tenía la consulta el martes. Una amiga de mi papá, que vivía en Tampa, nos hizo una reservación de dos días en un hotel cerca del hospital. La idea era llegar el lunes en la tarde.

Lo primero que mi papá metió en la camioneta blanca, la misma que había alquilado después de salir del hospital, fue el Ferrari verde, incluyendo la súper ingeniosa rampa de madera. Él sabía que yo la necesitaba para poder sentirme independiente.

También metimos una pequeña maleta con ropa. Mi tía Cardoso, antes de irme, me había preparado un jugo llamado "tres en uno", que es una mezcla entre remolacha, zanahoria y naranja. Ella quería darme fuerzas para el viaje.

Apenas mi papá arrancó, el dolor de cabeza se fue incrementando más y más. Por eso, decidí dormir un rato. Cada vez que me despertaba, seguíamos en la autopista y solo se veía, como decimos en Venezuela, puro "monte y culebra". La carretera me hacía recordar los viajes que hice muchas veces con mi mamá a un pueblito en la costa de mi país que se llama Higuerote.

Mientras mi papá manejaba, yo le pregunté: "Papá, ¿dónde estamos? ¿Falta mucho? Su respuesta fue: "No lo sé hijo, pero tranquilo que vamos a llegar. Mañana es tu gran cita".

PERDIDO Y MALCRIADO

Recuerdo que cuando mi papá me respondió que no sabía dónde estábamos, reaccioné como un niño malcriado. Estaba cansado y sólo quería llegar, pero en lugar de entender que mi papá también estaba muy cansado y que debía apoyarlo y entenderlo, le respondí mal y me volteé para quedarme dormido.

Hoy en día, veo hacia atrás y no paro de agradecerle a él y a todas las personas que me han apoyado a lo largo del camino. Más allá de los momentos muy difíciles que he vivido, nunca se justifica que una persona pierda su esencia y su humildad con los demás. Mi consejo: antes de actuar por instinto, piensa bien si lo que vas a hacer puede afectar a los demás. Recuerda que no estamos solos.

Cuando volví a despertar, mi papá estaba muy estresado porque se había perdido y no sabía cómo llegar al hotel. Yo pensaba: "¿Ahora qué vamos a hacer? Estamos en tremendo lío".

Entonces, mi gran compañero de viaje, mi papá, me dijo que tenía muchas ganas de ir al baño y se paró en una estación de gasolina. Recuerdo perfectamente el cambio de su cara cuando se bajó —con una urgencia biológica— y cuando regresó —con cara de niño con juguete nuevo—. Tenía una sonrisa de oreja a oreja porque, además de haber ido al baño, le habían dicho también que estábamos cerca de nuestro hotel.

Cuando llegamos al hotel, lo primero que hizo mi papá fue bajar la silla de ruedas, con sus enormes tablas y me cargó para sentarme en ella. La migraña, por su parte, había desaparecido y, aunque unas horas más tarde, regresó peor que nunca, yo estaba feliz porque habíamos llegado a Tampa y ya mañana se definiría gran parte de mi vida.

TAMPA

Nos registramos y, enseguida, nos fuimos a la habitación. Mi papá estaba muy cansado por todo el sol que le había pegado en los ojos. Yo decidí tomarme el famoso jugo de mi tía. Estaba sabroso.

Nos recostamos un rato y yo me quedé dormido. Cuando desperté, la migraña había vuelto y mi papá decidió bañarme para refrescarme y así ayudarme un poco a sentirme mejor.

Recuerdo que en toda la noche no pude dormir. Tampoco dejé dormir a mi compañero de cuarto, pero eso a mi papá no le importaba porque él siempre estaba ahí, atento a lo que yo necesitara, buscando mi comodidad, haciéndome sentir bien.

También recuerdo que tenía náuseas y que, unos minutos después, no pude aguantar y vomité por toda la habitación: sobre la cama, encima de mi papá, en fin, un completo desastre.

Mi papá, con mucha paciencia, me cambió de ropa y pidió sábanas nuevas. Él siempre ha sido mi gran apoyo, mi mano derecha y mi mano izquierda también. A él le debo tanto que no sé si algún día logre recompensarlo. Espero que sí.

Recuerdo que esa noche me dolía tanto la cabeza que sólo quería meterla en agua fría, en una hielera o en un congelador. Sin embargo, a pesar de todo eso, yo trataba de pensar en la gran cita. Me preguntaba: ¿Cómo van a ser mis nuevas piernas? ¿Me voy a poder bañar con ellas? ¿Voy a poder dormir con mis prótesis? ¿Cómo me voy a sentir? ¿Cómo me van a ver los demás? ¿Voy a poder usar los zapatos que me gustan?

LLEGÓ EL DÍA DE LA CITA

La mañana siguiente, al fin, llegó. Lo primero que hice cuando desperté fue darles gracias a Dios. Fue él, sin duda, quien me guió por el mejor camino posible. Desayuné y me tomé mis pastillas. Estaba tan ansioso que cerraba los ojos y ya me veía corriendo detrás de un balón de fútbol en el parque los Caobos, en Venezuela.

Yo pensaba que muy pronto iba a tener mis prótesis. Un día o una semana a más tardar. Pensaba que era algo sencillo, rápido y fácil de hacer.

Yo creía que ese mismo día iba a llegar al hospital ortopédico y ellos iban a tener todo listo para mí. Mis prótesis y, con ello, mi nueva vida. Pero, como dicen por ahí, soñar no cuesta nada y a veces las cosas no son como uno quisiera. Muy pronto me di cuenta de que era un proceso muy, pero muy lento, además de doloroso. Estaba por comenzar una difícil etapa de mi proceso de recuperación.

Cuando llegamos al hospital ortopédico, entramos juntos y el lugar estaba lleno de personas. Entonces, mi papá preguntó si estábamos en el lugar correcto. Recuerdo que le dieron una carpeta de muchas hojas que parecían casi un libro y que debíamos llenar con toda nuestra información.

UN NIÑO COMO YO

Eran tantas preguntas que cuando mi papá terminó de responderlas me dijo que le dolía la cabeza. Entonces, fue hacia la entrada para entregarlas y, en ese momento, vimos llegar a una madre con su hijo cargado en los brazos.

Jamás olvidaré aquella imagen porque fue algo tan increíble que lo recuerdo como si hubiese sido ayer. Se trataba de un muchacho a quien también le faltaban las dos piernas pero, en este caso, más arriba de las rodillas.

Recuerdo que él tenía algo parecido a unas adaptaciones en las piernas que permitían que apoyara su cuerpo directo sobre el piso, aparentemente sin dolor. Mi papá y yo lo observamos con disimulo y nos vimos a las caras asombrados. Mi papá me dijo, abrazándome:

— *Hijo, que Dios Bendiga este país.*

A mí se me aguaron los ojos y lo abracé más fuerte. Un abrazo de oso panda. Éramos muy afortunados de estar en los Estados Unidos y, lo más increíble, era que mi sueño siempre había sido vivir en este país.

EL SUEÑO AMERICANO

Mi papá tenía pensado comenzar una nueva vida en el país más poderoso de la tierra y yo siempre había querido irme con él. Sin embargo, no podía dejar a mi mamá sola, así que para mí era tan solo un sueño. Un sueño que terminó convirtiéndose en realidad de una manera bien extraña y bien distinta.

Yo creo que Diosito tiene preparados todos sus planes ya bien definidos y que todo lo que nos pasa tiene un propósito. En mi caso, estoy convencido de que este libro que tienes en tus manos es la mejor muestra de lo que digo. Yo siento que Dios me puso en el camino una gran prueba, pero con ella también me regaló una gran satisfacción y si tú estás leyendo estas líneas, ya con eso me basta para seguir adelante. Los planes de Dios son perfectos. Y aquí estoy, escribiendo mi primer libro, desde el país donde soñaba vivir.

MI TURNO

Recuerdo que ese día, en Tampa, después de esperar durante más de dos horas, al fin me llamaron por mi nombre. Era mi turno. Había llegado mi momento.

Como podrán imaginar, estaba súper feliz y aceleré el gran Ferrari verde para llegar a la puerta en cuestión de segundos. Entramos y una señora nos llevó a un cuarto y nos dijo:

— *Esperen aquí que el doctor ya viene.*

Pasamos rápidamente y nos vimos a la cara emocionados. Le dábamos gracias a Dios de nuevo. Unos minutos más tarde, entró el doctor, junto a su asistente. Recuerdo que lo primero que hizo fue medir mis extremidades.

También se interesó en mi historia y dijo que si quería volver a caminar tenía que hacer muchos ejercicios. Yo estaba dispuesto a hacer todo lo necesario para recuperarme, pero nunca llegamos a pensar que no sólo necesitaríamos muchas ganas y mucha voluntad, sino también mucho dinero.

El doctor, luego de unos veinte minutos de revisarme, me dijo que regresara en tres meses con mis músculos fortalecidos. Insistió en que debía hacer mucho ejercicio.

UN NUEVO CONTRATIEMPO

Cuando salimos del hospital recuerdo que me había regresado el dolor de cabeza y que cada vez empeoraba más y más. Yo estaba un poco deprimido porque la cita no había sido como esperaba.

Yo me hice mi propia película mental: juraba que ya los doctores tendrían mis prótesis listas y que prácticamente saldría caminando con ellas. La vida me ha enseñado que todo se logra con paciencia, trabajo y mucha disciplina también, que nada se alcanza de la noche a la mañana y que, si uno se lo propone, lo demás es tan solo cuestión de tiempo.

Mi papá y yo regresamos al hotel. Franny se había quedado en Miami porque tenía clases. Créanme, tengo una hermana muy responsable. Fuimos a buscar nuestras cosas para regresar a Miami pero, antes de salir, decidimos descansar un rato porque estábamos agotados.

Apenas nos despertamos le dije a mi papá que tenía un dolor de cabeza demasiado fuerte, tan fuerte que le pedí que por favor me llevara a un hospital. Él me respondió que tratara de aguantar un poco para intentar llegar al Joe DiMaggio, en Miami, donde ya nos conocían.

Sin embargo, el dolor pudo más que yo y tuvimos que detenernos en el camino en el primer hospital que encontramos, el Memorial Regional.

Yo no podía ni abrir mis ojos de tanto dolor. Recuerdo que gritaba y lloraba como un bebé recién nacido, sin parar. Cuando nos estacionamos, mi papá decidió no bajar mi Ferrari verde porque le iba a tomar mucho tiempo, entonces buscó una silla de ruedas e, inmediatamente, intentó registrarme para que me atendieran lo más rápido posible.

MIRADAS INCÓMODAS

Era raro porque todos los que estaban en la sala de emergencias se me quedaban viendo como si yo fuese un extraterrestre. No entendía por qué me miraban así.

Más allá de no tener mis dos manos y pies, yo era un ser humano como todos ellos. Me hubiese encantado decírselos en ese momento, hacerles entender que sus miradas me incomodaban, pero me dolía mucho la cabeza.

Nunca olvidaré que cuando yo era pequeño y estaba en Venezuela, con mi mamá, y veíamos a alguna persona sin brazos o sin piernas, yo me les quedaba viendo. Era algo a lo que no estaba acostumbrado, me impresionaba. Y no podía esconderlo. Ella me decía:

> — *Franklin, no veas así a la gente. Disimula. Eso los puede incomodar.*

Nunca pensé que ahora yo estaría de este lado de la historia, que yo terminaría sintiéndome incómodo por algo así.

LA ECUACIÓN PERFECTA

Recuerdo que cuando dijeron mi nombre, mi papá se puso nervioso y empujó la silla de ruedas para llegar rápido a la puerta donde estaba la enfermera.

Recuerdo también que ella se me quedó viendo con cara de incertidumbre y le preguntó a mi papá cómo me habían pesado anteriormente. Mi papá le respondió que primero lo pesaban a él, después él me cargaba y, de último, le restaban su peso. Una ecuación perfecta.

Nos llevaron a un cuarto y nos mantuvieron ahí esperando cerca de una hora. Entonces, llegó el doctor preguntando por qué estaba en emergencias. Mi papá le explicó lo que había sucedido.

Me pusieron sueros y otros medicamentos para el dolor que tenía. También recuerdo que hasta mi tía Cardoso llegó preocupada a la sala de emergencias del hospital, diciéndome:

— *No se preocupe, mijito lindo, ya nos vamos a ir a la casa.*

Ahí me di cuenta de que en verdad le importaba. Yo, por nada del mundo, quería volver a mi casa anterior, el hospital donde había estado por seis meses. Con solo pensarlo se hacía más fuerte el dolor de cabeza.

RESONANCIA Y FE

Estuve casi siete horas en ese cuarto de emergencias. Recuerdo que me hicieron exámenes de todo tipo. Por ejemplo, una resonancia magnética que consistía en saber si todo estaba funcionando bien en mi cerebro.

En el momento en el que me iban a llevar al cuarto para hacerme el examen, recuerdo haber visto una máquina inmensa con una camilla. Era mi primera vez en un examen así. Estaba nervioso y decía la frase que mi abuela Olga me había dicho que repitiera cuando estuviera nervioso: "Todo lo puedo en Cristo que me fortalece".

Yo la repetía con mucha fe. Y así, gracias a Dios, el tiempo pasó más rápido para mí y ya el examen había terminado. Cuando salí ya no estaba tan nervioso y el dolor se me estaba pasando. Las medicinas me estaban comenzando a hacer efecto.

Regresé al cuarto de emergencias. Mi papá y yo nos quedamos esperando los resultados de los exámenes. Yo estaba muy preocupado. Lo único que pensaba era cómo iba a ser mi vida si regresaba al hospital. ¿Podría seguir adelante? ¿Sería este un retroceso en mi recuperación? ¿Lograría algún día tener mis prótesis?

UN "CUATRO" VERSUS UN "MIL"

El doctor regresó diciéndonos que los resultados de los exámenes habían salido perfectos, incluyendo la resonancia magnética. También me pidió que describiera mi dolor del uno al diez. Recuerdo que le dije que en ese momento tenía como un "cuatro", pero que si me hubiese preguntado en la carretera, probablemente, le hubiese dicho que un "mil".

UN SONIDO INOLVIDABLE

Estuvimos en ese minúsculo cuarto cerca de dos horas más. Cada vez que escuchaba el sonido de la máquina de los signos vitales, recordaba todos los momentos que estuve en el hospital, cuando mi papá se tenía que parar a media noche para silenciarlo y dejarnos dormir. Era como un pitido desagradable o lo que se conoce en inglés como un *beep*.

Esa máquina sonaba siempre porque estaba conectada a mi cuerpo y con un mínimo movimiento que yo hiciera, dejaba de hacer contacto y generaba un sonido de alerta. Ese sonido lo tengo grabado en la memoria y, para ser honesto, siempre he tenido muchas ganas de borrarlo de mi mente.

Sin embargo, ese día en aquel hospital volví a escucharlo. Me atrevería a decir que es el sonido más repugnante que he oído en mi vida, porque cada vez que lo escucho me transporta a ese momento cuando aún no me habían amputado y cuando apenas comenzaba a luchar por mi vida.

DE ALTA

Recuerdo que nos estábamos quedando dormidos cuando la enfermera entró al cuarto diciéndonos que yo estaba bien y que estaba listo para irme a mi casa. Bueno, a la casa de mi tía Cardoso.

Cuando nos montamos en la camioneta, vi a mi papá y reímos de alegría. Finalmente, aquel larguísimo día, llegamos a casa. Me sentía muy feliz porque no me habían dejado en aquel hospital. Era como un logro más de mi vida. Y lo que venía, sin duda, era mucho mejor. Gracias a Dios. Sólo tenía que enfocarme en fortalecer mis músculos.

NUESTRO PRIMER HOGAR

Los días siguientes, mi papá me mantuvo en reposo absoluto. Recuerdo que me hacía ver muchas películas y me decía que durmiera tranquilo. Él hacia eso, en realidad, para ver cómo reaccionaba mi cuerpo y cómo me sentía.

Mi tía Cardoso tuvo una iniciativa increíble. Nos dijo que seguramente nosotros necesitábamos nuestro propio espacio para estar más cómodos y sentirnos más libres. De nuevo, debo decirlo, los planes de Dios son perfectos.

Fue así como mi tía, aquella mujer que nos había conocido tan solo unos meses atrás y que nos había apoyado de manera incondicional, nos dijo que su mamá, la abuela Gigi, tenía un apartamento disponible. Y así fue.

Mi tía Cardoso habló con su mamá y trató de tramitar todo lo más rápido posible, además la abuela Gigi trató de hablar con el manager del edificio para acelerar el proceso pero el manager estaba de viaje. Recuerdo que todo se tardó un poco más de lo esperado, hasta que al fin un día fuimos con mi tía Cardoso a ver el apartamento.

Tenía dos cuartos y un baño. Mi tía había dicho que un cuarto sería para mi papá y para mí y que el otro era para Franny, porque ella necesitaba su privacidad de mujer. Además, mi papá y yo teníamos que estar en el mismo cuarto para que él me ayudara durante mi recuperación.

NUESTROS PRIMEROS MUEBLES

Nosotros le dimos la razón a mi tía y así lo hicimos. Cuando llegamos al apartamento, tuvimos que limpiar un poco. El lugar estaba totalmente vacío y nosotros no teníamos dinero para comprar muebles nuevos.

Sin embargo, yo insisto en que Dios nos acompaña siempre, y así fue como nuestros primeros muebles fueron usados. La hermana de nuestra querida tía decidió regalarnos un sofá grande y un sofá pequeño que aún conservamos.

Ya para entonces estábamos encarrilados, gracias a Dios y, por supuesto, gracias también a mi tía Cardoso. Sólo faltaba que yo comenzara a caminar y viviera por completo mi nueva vida.

AGUJITAS EN MI PANZA

Durante mi proceso de recuperación hubo algo que siempre nos preocupó, y fue uno de los motivos por los cuales mi papá, mi hermana y yo decidimos quedarnos en este país y no regresar a Venezuela.

Desde que estaba en el hospital, yo necesitaba un antibiótico profiláctico, una de las medicinas más importantes que me ayudaba a seguir con vida. Ese antibiótico servía para que mi sistema inmunológico funcionara mejor, ya que el mío tenía una deficiencia. Sin embargo, como dicen por ahí, no todo es color de rosas, y nunca pensamos que un antibiótico nos causaría tantos inconvenientes.

En el hospital lo tomaba semanalmente, como cualquier otro medicamento, pero cuando salí de ese lugar, por diversas razones, era casi imposible seguir tomándolo.

Recuerdo que la primera vez que lo tomé fuera del hospital, tuvo que ir un enfermero hasta donde nosotros estábamos para enseñarle a mi papá cómo era el proceso.

Era un procedimiento muy complicado. Primero, había que untar un poco de crema durante veinticinco minutos para dormir mi piel. Luego, había que insertar unas agujas, muy pequeñas, en los músculos de mi barriga. Esas agujitas llegaban, mediante una manguerita, a un frasco de vidrio que contenía todo el antibiótico. Este se insertaba a una pompa de aire que, poco a poco, disparaba dosis del antibiótico.

EL MEJOR ENFERMERO DEL MUNDO

A mi papá, prácticamente, lo entrenaron para que fuese mi enfermero privado. ¿Ustedes quieren saber algo? No pude tener a un mejor enfermero que mi papá, porque me hacía todo con un cariño y un cuidado tan especial, que ningún enfermero del planeta hubiese podido tener conmigo.

Recuerdo que el antibiótico se llamaba "Gammaglobulina", y era una medicina que nos generó muchos contratiempos porque, entre otras cosas, costaba setecientos dólares y yo debía colocármela, al menos, una vez a la semana.

Se podrán imaginar cómo era la preocupación de mi papá porque no contábamos con tanto dinero. Sin embargo, como siempre, Dios estaba junto a nosotros y gracias a él nunca nos faltó la medicina.

LOS PATROCINANTES DE MI VIDA

Algo que nunca olvidaré es que mi papá y yo siempre nos parábamos bien temprano en la mañana y, después de dejar a mi hermana en el colegio, íbamos a Miami en busca de patrocinantes para poder comprar mis medicinas.

Hicimos las mil y una para poder salir adelante. Salíamos en la televisión solicitando ayuda, organizábamos eventos, íbamos a programas de radio, todo con el fin de recolectar dinero que iba directamente para la compra del antibiótico.

También recuerdo que cuando se aproximaba el día en que me tocaba el antibiótico, mi papá me trataba de mentalizar porque sabía lo mucho que me molestaba, me dolía y me incomodaba. Después de un tiempo, mi papá y yo decidimos ponerme el antibiótico en las noches y así no sentiría tanto el dolor porque me quedaba dormido.

Al principio de mi recuperación, tomaba el antibiótico semanalmente y donde sea que me encontrara, así que tenía que mantenerlo frío para que no se dañara. Imagínense todos los contratiempos que tuvimos en este sentido.

Ya después de un tiempo, mi sistema inmunológico estaba mucho más fuerte y no tenía que tomarlo todas las semanas, sino cada dos semanas, luego cada tres semanas y así hasta que recibimos la noticia de que ya no lo necesitaba más.

Ese antibiótico lo usé por dos años. Recuerdo muy bien que, durante esos días, una compañía venezolana de estaciones de gasolina, llamada Citgo, me donó las últimas dosis. De estas sobraron más de cuatro frascos que decidimos enviar a Venezuela para que las pudiera usar otra persona.

EL COMIENZO DE MI NUEVA VOCACIÓN

Aquella fue la primera vez que yo ayudaba a otros a salir de sus problemas. Hasta ese momento, muchas personas me habían ayudado en todos los sentidos posibles.

Sin embargo, ese día entendí que yo también podía hacer algo por los demás y, de allí en adelante, decidí hacerlo cada vez que pudiera. Hoy en día, por ejemplo, escribo este libro porque sé que va a servirle a muchas personas que estén viviendo lo que yo viví. A todas esas personas sólo les quiero decir una cosa: sí se puede. La discapacidad es tan solo un estado mental. Y se los digo yo que, a pesar de haber perdido mis cuatro extremidades, jamás he perdido las ganas de vivir.

Uno de los momentos más importantes para mí, al tratar de devolver lo tanto que recibí, fue una Navidad donde sucedió algo increíble, pero eso se los contaré más adelante.

ALGO TAN SENCILLO COMO CEPILLARSE LOS DIENTES

Al principio de toda mi recuperación, recuerdo que era totalmente dependiente de mi papá o de mi hermana. No estaba todavía listo para valerme por mí mismo. Parecía un niño pequeño. Mi papá, por ejemplo, me daba la comida.

Recuerdo, perfectamente, que todos los días mi papá me daba la comida y, luego, él comía. Para él yo siempre estaba primero. Sin embargo, yo me daba cuenta de que cuando él comenzaba a comer, su comida ya estaba fría. Se pueden imaginar lo desagradable que era para él y para mí tener que verlo comer frío todos los días. Yo sólo quería comer sin ayuda.

Recuerdo que un día tenía mucha hambre y, entonces, agarré la cucharilla con mis dos muñones y empecé a comer. Era tanta el hambre y la desesperación de no poder valerme por mí mismo que no me importaba ensuciarme todo de comida, como si fuese un bebé. Yo sólo quería comer y ser libre.

Por otra parte, mi papá y, a veces, también mi hermana me cepillaban los dientes tres veces al día. Algo tan sencillo como cepillarse los dientes y yo era incapaz de hacerlo solo. ¿Se pueden poner en mi lugar al menos un segundo? Yo sé que ellos lo hacían con un amor que en ese momento me motivó para ser independiente. Yo por dentro les agradecía todo lo que hacían por mí.

Poco a poco, fui desarrollando habilidades que me acercaban más y más a la libertad, a esa gran meta de ser independiente otra vez.

Recuerdo que un día desperté con un sabor amargo en la boca y no estaba nadie conmigo para ayudarme. Lo único que deseaba era cepillarme y pensé en intentarlo por mi cuenta, a ver cómo me iba. Entonces metí la silla de ruedas en el baño. Traté de arrodillarme sobre ella para quedar a la altura del lavamanos. Agarré la pasta de dientes, la traté de abrir con mi boca, le di vueltas hasta que logré abrirla. La presioné, chupando un poco de pasta y luego agarré el cepillo con mis dos muñones, me lo metí en la boca por un segundo y abrí como pude la llave del agua.

Mojé el cepillo con agua y empecé a cepillarme poco a poco, con mucha paciencia. Recuerdo que el cepillo se me resbalaba, que me dolían las rodillas, pero mi único objetivo era cepillarme los dientes. Y ahí estaba yo, dispuesto a cualquier cosa por lograrlo. Me tardé unos cinco minutos, mucho más de lo que hoy en día tardo, pero pude hacerlo, aunque mojé todo el baño y la silla de ruedas.

Todo, en esta vida, tiene que ver con la práctica y con las ganas. Y yo, aquel día, contaba con las dos. A ustedes, que leen este libro, se los digo con todo mi corazón: si quieren lograr algo en esta vida, cualquier cosa, inténtenlo. Si no lo logran a la primera, no importa. Inténtenlo de nuevo. Y si de verdad quieren lograrlo, ya llegará el momento. Se los digo yo que hoy en día puedo caminar, escribir, jugar ping-pong, comer y cepillarme los dientes aún sin manos y sin pies.

COSTOSOS EJERCICIOS

En aquellos días, teníamos en mente lo que el doctor del hospital en Tampa nos había dicho: que para yo volver a caminar tenía que esforzarme bastante y hacer mucho ejercicio, algo que no me gustaba porque, para ser honesto, yo era un poco flojo.

Fue así como decidimos averiguar en el hospital Joe DiMaggio quién podía hacerme una terapia ocupacional.

Cuando llegamos, nos conseguimos por pura casualidad con María, la señora que había sido mi terapeuta durante mi tratamiento en ese lugar. Recuerdo que ella, cuando me vio, se contentó mucho y nos dio su número de teléfono. Además, nos dijo que anotáramos la dirección del módulo de rehabilitación del hospital, que estaba en otro edificio.

Tuvimos que salir del área donde estábamos, ir al carro, montar el Ferrari en la camioneta y manejar hasta la dirección que nos dio María. Era justo al lado de aquel lugar donde sucedió mi famosa escapada del hospital. ¿Recuerdan?

Cuando llegamos allí, mi papá habló con la registradora, preguntándole cómo teníamos que hacer para que yo recibiera unos ejercicios para volver a caminar.

Lo primero que nos preguntó fue si yo tenía seguro médico, porque esos tratamientos salían muy costosos. Recuerdo que mi papá le dijo que no, pero que era muy importante que yo empezara a hacer esos ejercicios. Ella nos entregó un formulario que teníamos que llenar. Allí teníamos que colocar todos nuestros datos, así como lo habíamos hecho en Tampa. Resulta que los ejercicios costaban más de setenta dólares cada media hora. Recuerdo que cuando mi papá pagó por primera vez estaba impactado del costo, porque no sólo era el precio de esa terapia, sino también de muchas otras cosas que debía hacer para poder llegar a mi meta que era caminar.

Después de que mi papá dio el dinero, un terapeuta salió a buscarnos. Nos llevó adentro del hospital. Era un sitio muy grande, con muchas máquinas de rehabilitación, camillas y algo que me llamó mucho la atención: unas pelotas inmensas de colores, que estaban allí de material de ayuda para los pacientes que se estaban rehabilitando.

Apenas las vi sentí ganas de patearlas y jugar con ellas pero, como se podrán imaginar, yo en aquel momento no podía hacerlo. Sentía una gran impotencia y me quedaba imaginando y soñando con que podía correr y jugar con todas las pelotas del mundo. Hoy en día la historia es muy distinta.

Ese mismo día comencé mis terapias de recuperación. La serie de ejercicios que el terapeuta me decía que hiciera, yo ya me la sabía de memoria porque mi terapeuta del hospital me hacía los mismos ejercicios.

Ese día trabajé cerca de media hora y, luego, me dijeron que debía ir al menos tres días a la semana, por dos meses, pero eso significaba mucho dinero para nosotros.

UNA BUENA IDEA

Cuando nos montamos en el carro, yo le mencioné a mi papá que el terapeuta me había hecho los mismos ejercicios que la señora María. También le dije que no valía la pena pagar algo que yo podía hacer solo en la casa.

A mi papá no le pareció una mala idea e, inmediatamente, llamó a la señora María contándole lo que nos había pasado y la idea que teníamos. A ella le pareció fabuloso porque sabía que estábamos viviendo una situación económica en la que no podíamos darnos el lujo de desperdiciar ni un solo dólar.

La señora María también le dijo a mi papá que ella nos podía imprimir la rutina de ejercicios para tonificar mis músculos y así yo iba a tener una guía cuando trabajara en ellos.

Al día siguiente, fuimos a comprar una alfombra para que yo pudiera hacer los ejercicios y apoyarme con mucha más facilidad. Mi piel y mis rodillas estaban aún hinchadas y me dolía mucho cuando tenía contacto directo con el piso.

Recuerdo que también compramos unas pesas que yo mantenía en el aire, apoyado sobre mis rodillas. Eso me servía para fortalecer mis piernas y acostumbrarlas al peso de mi cuerpo.

¿Quién iba a pensar que yo terminaría ejercitando mis músculos en mi propia casa, con mi papá y con mi hermana, sin necesidad de un profesional?

Recuerdo que después de dos semanas ya estaba cansado de hacer los mismos ejercicios, día tras día, y me fastidiaba hacerlos, pero nunca descansé y, gracias al apoyo de mi papá, los seguía haciendo metódicamente.

Él me motivaba y me decía que después de esos ejercicios, aunque yo me sintiera agotado, iba a vivir la felicidad de ser independiente y caminar por donde yo quisiera. Y se los juro: él tenía toda la razón.

SEGUNDA VEZ EN TAMPA

El tiempo para regresar a Tampa pasó muy rápido. Ya estábamos de regreso en el mismo hotel, sólo que esta vez no tenía migraña y me sentía mucho mejor.

Aquella primera vez fue terrible para mí, ya que el dolor de cabeza no me dejaba apreciar el lugar. Esta vez, sin embargo, distinguí el hotel, veía todo mejor. Descubrí el gimnasio y hasta una piscina.

En ese momento, yo ya me podía arrodillar y pasarme de una silla a otra. Estaba, como se dice por ahí, "en forma" de tanto ejercicio que hacía.

Recuerdo que me sentía muy contento porque esta vez me iban a dar mis piernas. Al menos, eso creía yo. Estaba convencido de que había llegado el día de caminar nuevamente. Sin embargo, no todo iba a salir como lo imaginaba.

Mi papá y yo, en ese viaje a Tampa, llegamos justo la noche antes de la consulta. Cuando entramos al hotel, recuerdo que nos dieron el mismo cuarto en el que habíamos estado la primera vez. Apenas entré a la habitación, le di gracias a Dios por permitirme estar bien y haber superado mis dolores de cabeza. Luego de agradecer, nos bañamos y nos acostamos. La noche voló.

Cuando despertamos, mi papá y yo nos sentíamos descansados y decretamos que iba a ser un excelente día. Sin embargo, no teníamos la menor idea de lo que se aproximaba.

De nuevo, llegamos al hospital de Tampa. Mi papá colocó mi nombre en una hoja que la registradora tenía para que nos llamaran cuando llegara nuestro turno. Nos mantuvimos sentados cerca de veinte minutos. No había mucha gente esperando para entrar y habíamos llegado temprano.

Entonces, la misma señora que me había llamado la primera vez, salió a la sala de espera y dijo en voz alta:

— *Franklin Mejías.*

A la distancia, apenas me vio, sonrió levemente. Ella sabía que era yo. Me preguntó cómo estaba y que si había hecho los ejercicios. Yo, emocionado, le respondí que "sí" y que ya estaba listo para caminar.

La señora nos dejó en el mismo cuarto por segunda vez y allí esperamos unos veinte minutos más hasta que llegara el doctor ortopédico. Entonces, un señor bajito, de edad avanzada, entró al cuarto, me revisó las piernas y se asombró con las formas que tenían las puntas en el lugar exacto donde me aputaron. Desde allí, desde el muñón, salía una especie de hueso pequeño que, al parecer, estaba creciendo. Y, por la cara que puso el doctor, eso no era muy bueno para mí.

Lo primero que me preguntó fue si me dolía cuando él me presionaba. La pregunta me extrañó. Yo solo quería caminar y listo. Sin embargo, tuve que responderle la verdad: que sí me dolía.

Él se quedó pensando, terminó de examinarme, y preguntó quién había sido mi cirujano. Mi papá le dijo que se llamaba Erick Eisner y él dijo que lo llamáramos, inmediatamente, para hacer una cita con él porque había que hacer una limpieza allí para que yo pudiera afincarme sin que me doliera.

Para nosotros aquello era terrible, porque en lugar de decirnos que me iban a dar mis prótesis, nos estaban diciendo que volviéramos a Miami para operarme nuevamente y, luego, regresar por tercera vez a Tampa para comenzar el proceso. Aquello era como un cuento de nunca acabarse.

Mi papá y yo no lo creíamos. Le explicamos al doctor que no teníamos seguro médico y que no teníamos cómo pagar una nueva operación. Ya teníamos una deuda inmensa con el hospital donde me amputaron, sin contar las medicinas, los gastos para poder estar en Estados Unidos, y todo esto sin que mi papá pudiera trabajar.

El doctor nos dijo:

> *— Hablen con su doctor y, si no pueden operarte allá, nosotros te operamos acá en Tampa y, además, lo podríamos hacer sin ningún costo.*

A pesar de aquella buena noticia, según la cual probablemente podrían operarme sin costos, nos fuimos de allí muy tristes. Yo me sentía decepcionado y me puse a llorar. Yo sólo quería volver a caminar. No quería que me volvieran a operar. Ya no quería pasar por otra intervención quirúrjica. Yo sentía que aquello era retroceder todo lo que había avanzado. Era perder todo el ejercicio que había hecho. Era un enorme salto atrás.

Llegamos al carro y recuerdo que, mientras yo lloraba desconsolado, mi papá hizo una llamada. Habló por unos minutos y, entonces, me dio el teléfono. Era John Glass.

EL SIERVO DE DIOS

John Glass era uno de los encargados de POA (Prosthetic & Orthotic Associates), una compañía que se especializaba en desarrollar prótesis de alto rendimiento con el fin de ayudar a las personas a volver a caminar.

Recuerdo que en ese momento me dijo, en un español con acento boricua:

> — Hola, Franklin. ¿Cómo estás? Cuéntame. ¿Qué fue lo que pasó en el hospital? ¿Qué te dijeron?

Yo le conté que estaba muy triste porque pensé que ya estaba listo para volver a caminar y, por el contrario, el doctor me dijo que no, que por el momento era imposible, que tenía que volver a operarme primero.

Entonces, John me dijo:

> — No te preocupes, Franklin. Te lo voy a explicar. La tecnología de ese hospital ortopédico no se compara con la de nosotros. Quiero que estés tranquilo y que

hoy mismo vengas hasta nuestra oficina. Nosotros te vamos a ayudar. Acá te esperamos. Quiero que vengas y nos conozcas. Estamos muy cerca, acá en Orlando. Aquí hay mucha gente que te quiere conocer.

Yo respiré profundo. Sentí que había una esperanza. No tenía ni idea de quién era esa persona que me había hablado por el teléfono. Jamás hubiese imaginado, por ejemplo, que me entendería mejor que nadie porque le faltaba su pierna izquierda. Tampoco tenía la menor idea de quiénes me querían conocer a mí en aquel lugar, ni por qué querían conocerme. Yo estaba muy confundido y, emocionalmente, me sentía un poco perdido. Era extraño porque sentía una mezcla de tristeza, confusión y esperanza.

Entonces, manejamos un poco más de una hora y, luego de un tráfico tremendo, llegamos a POA.

POA

Apenas llegamos lo llamamos y él salió a recibirnos. Lo primero que me impactó fue ver cómo se acercó y, al abrir la puerta, subió su prótesis al carro y en ese momento caí en cuenta de que le faltaba su pierna izquierda. Jamás olvidaré esa imagen. Era una prótesis hermosa, camuflada, como de uniforme militar. Yo lo saludé emocionado y le dije que quería tener algún día unas prótesis como la suya.

Allí nos conocimos en persona y, de ahí en adelante, surgió una gran amistad que hasta el día de hoy está intacta.

Recuerdo que nos bajamos del carro y, cuando entramos al lugar, yo no podía disimular mi emoción porque era un espacio repleto de gente como yo. Las paredes estaban llenas de cuadros, fotos e historias como la mía, de personas que vivieron un proceso de amputación y que luego requirieron algún tipo de prótesis. Eran personas con prótesis que estaban realizando actividades cotidianas como yo soñaba hacer también. Personas que, a pesar de tener una o varias prótesis, se veían felices haciendo deportes, jugando y trabajando como cualquier otra persona.

John fue contándonos un poco de cada historia que estaba en aquellas paredes, y la verdad es que me cambió la vida. Era impactante escuchar todo lo que tantas personas habían vivido. Por ejemplo, recuerdo que uno de ellos, a pesar de faltarle una pierna, estaba en el ejército. Eso me hizo reflexionar y me dio muchas esperanzas.

Luego de haberle echado un primer vistazo al lugar, entramos a una sala inmensa, con varandas para hacer ejercicios, donde conocí a Stanley Patterson. Él era el dueño de POA.

Era un hombre rubio, muy americano, fuerte, elegante, sonriente, que siempre tenía una solución a cualquier situación que se presentara. Desde el instante en que lo conocí, generó en mí una paz interna que no había vivido antes.

Recuerdo que me vio las piernas y me dijo que no me preocupara, que yo no necesitaba ninguna operación. De hecho, recuerdo que se echó a reír y dijo:

— *Eso no es nada. Nosotros te vamos a poner a caminar.*

Podrán imaginar que aquello me cambió la vida. Era como renacer, como recuperar las energías, las fuerzas, las ganas. Todo tenía sentido de nuevo para mí.

Aquel día, John también me llevó al lugar donde hacían las prótesis. Yo siempre me había preguntado cómo hacían estas personas para fabricar unos artefactos con los cuales los seres humanos sin piernas, o sin brazos, podían recuperarlos.

Estaba emocionado. Quería conocer más sobre el tema. Quería quedarme ahí todo el día, pero teníamos que seguir adelante.

Ese día también me tomaron los moldes de mis piernas para hacer unas medias de silicona que estarían hechas a mi medida para amortiguar un poco el contacto entre mi cuerpo y la prótesis. Sobre todo en mi caso, que yo tenía el hueso ligeramente salido.

La muestra era como una masa en la que yo tenía que meter mi muñón y, apenas lo sacaba, quedaba la forma de mi pierna perfectamente plasmada allí. En ese hueco, ellos colocaron una mezcla de cemento o yeso que, al secarse, ellos martillaron quedando una pieza con la forma de mi pierna de ese material.

Finalmente, ese día, John nos llevó a la casa de Ronald McDonald, un lugar donde recibían a personas que necesitaban ayuda para hospedarse. Justo llegamos a la hora de la comida, comimos y nos fuimos a dormir. Yo, luego de una montaña rusa de emociones, estaba mucho más esperanzado y con ganas de seguir adelante.

DE VUELTA A MIAMI

Ya en Miami, mi papá pidió una cita con el cirujano plástico. Su opinión era que debía operarme. Nos dijo que no era indispensable pero que cuando yo comenzara a caminar, después de un tiempo, iban a tener que operarme obligatoriamente porque el huecito que me salía iba a afectarme de manera negativa.

Nosotros lo pensamos muy bien y, al final, decidimos hacerle caso al doctor de Miami. Una semana más tarde, entré a quirófano de nuevo y me operaron el bendito hueso que me estorbaba. Me quitaron, en total, unos cuatro centímetros de hueso. Tenía mucho dolor pero trataba de no tomar analgésicos, porque me traían otros efectos secundarios. No quería volverme adicto a las medicinas que me quitaban el dolor.

Y así, luego de un mes de recuperación, ya estaba listo para volver a Orlando. Recuerdo que, antes de ir Orlando, fuimos a una cita con el doctor de Miami para que me quitara los puntos. Todo había salido a la perfección. Los puntos estaban perfectos y mi piel había cicatrizado muy bien. El doctor nos dijo que ya estábamos listos para dar el siguiente paso.

SORPRESA

Había llegado mi cumpleaños número trece y yo estaba feliz de que ya pronto iba a empezar a caminar. Ya faltaba muy poco. De nuevo, mi vida estaba agarrando color, porque antes yo sentía que estaba en blanco y negro. En un triste y pálido blanco y negro.

El día de mi cumpleaños, desde temprano, estuve en la calle sin muchos planes. En verdad, nunca pensé en hacer algo especial. Sentía que nuestra situación no estaba para eso. Además, al día siguiente viajaríamos a Orlando.

Sin embargo, la vida está llena de sorpresas y de gente maravillosa que nos ayuda a superar los más difíciles tropiezos. Ese día, mucha gente fue cómplice de una gran sorpresa que me tenían preparada. Una sopresa que sucedería en un lugar que siempre que había querido conocer, pero que no había podido porque cuando pensamos ir me enfermé y el plan se suspendió.

Esta vez, gracias a Dios, el plan no se suspendería. Mi familia lo había organizado todo. Recuerdo que eran cerca de las cinco de la tarde y todavía estábamos en la calle. Íbamos camino a la casa.

Entonces, mi papá empezó a tomar un camino diferente al acostumbrado. Después de cinco minutos, mi papá detuvo el carro y me dijo que me tenía que tapar los ojos, pero que no me podía decir la razón. Acto seguido, sacó una venda y me la puso en la cara.

Yo estaba un poco confundido, pero no pregunté por qué tenía los ojos vendados. Solo me dejé llevar. Al principio, nos mantuvimos en el carro unos veinte minutos más. Yo sentía que mi papá seguía manejando. Cuando, de repente, se detuvo y se bajó a sacar mi silla de ruedas.

En ese momento, alguien abrió la puerta del carro, del lado donde yo estaba y una gente empezó a murmurar, tratando de que yo no los oyera.

Yo pregunté: "¿Qué es esto papá?", y él me respondió: "Quédate quieto, ven para cargarte y pasarte a la silla".

Mi papá, tal como lo dijo, me cargó y me montó en la silla de ruedas. Yo no la podía manejar porque tenía los ojos tapados. Entonces, sentí que alguien prendió la silla y la empezó a manejar por mí, tropezándola por todos lados.

Yo sentía que estaba en los "carritos chocones", como le dicen en Venezuela. Era divertido y emocionante. Entonces, la persona que estaba manejando la silla se detuvo y me preguntó: "¿Estás listo?". Yo le dije que sí y, en ese momento, me quitó la venda de los ojos.

Eran aproximadamente treinta personas, todas felices, que gritaron al mismo tiempo:

— *¡Feliz cumpleaños, Franklin!*

En ese momento, caí en cuenta de que estaba rodeado de personas que quería mucho. Allí estaban, por ejemplo, mi tía Cardoso, mi tía Wilfran, mi primo Alexander, quien por cierto había viajado desde Venezuela para estar conmigo en mi cumpleaños; mi padrino Roger, mi hermana, que había organizado y comprado todo, y muchas otras personas que estaban felices de verme allí, sano y salvo.

Después de saludarlos a todos, entendí que además de la sorpresa de tenerlos a ellos en mi cumpleaños, estábamos en un lugar de maquinitas llamado Dave & Busters. Un lugar que siempre había querido conocer.

Además, todo el sitio estaba decorado con platos y manteles de mi deporte favorito, el béisbol. Mejor, imposible. Aquel cumpleaños fue uno de los mejores de mi vida y, aunque no lo crean, fue mi primer cumpleaños sin manos y sin pies. Ese día entendí que podía ser infinitamente feliz, aún después de haber vivido todo lo que viví.

UNA NUEVA ETAPA DE MI VIDA

Al día siguiente, nos despertamos bien temprano porque teníamos que hacer muchas cosas. Una de ellas era organizar las maletas porque en Orlando nos estaban esperando. Había comenzado una nueva etapa de mi vida.

También, teníamos que comprar algunos productos en el mercado, porque mi hermana se quedaba en Miami. Y, lo más importante, teníamos que dejar la casa limpia y arreglada.

Recuerdo que casi nos llevamos toda la ropa que teníamos. No sabíamos por cuánto tiempo íbamos a estar allá. Literalmente, nos estábamos mudando. Y, a pesar de todo, estábamos muy contentos porque sabíamos lo que nos esperaba. Sentíamos que venían muchas cosas buenas. Entre ellas: felicidad e independencia para mi vida.

Recuerdo que cuando nos montamos en la camioneta para irnos, hicimos una gran oración, dándole gracias a Dios por todas sus bendiciones y por entregarnos la fuerza necesaria para dar un pasito más en nuestro gran proceso.

Fueron más de cuatro horas de viaje. Recuerdo que pasaron muy rápido, en parte porque estuve hablando con mi excelente compañero de vida, riéndonos, recordándonos de dónde habíamos venido, todas las situaciones que habíamos pasado y, sobre todo, soñando con nuestro futuro.

Finalmente, como a las dos de la tarde del 10 de junio, llegamos a Orlando.

Capítulo 6

El milagro de caminar otra vez

DE NUEVO EN POA

Ese mismo día me tuvieron que hacer de nuevo los moldes que me habían hecho la primera vez que estuve en POA. La forma de mi pierna había cambiado luego de la nueva operación, así que el primer molde ya no servía. Esta vez me lo hicieron de una manera diferente.

Recuerdo que primero enrollaron mi pierna con envoplast y luego con material de yeso. Al final, quedó la forma exacta de mi pierna en un molde que serviría para mandar a hacer mis primeras prótesis.

Sin esos moldes no podíamos seguir el proceso. Con los moldes puestos, yo tendría que hacer el mismo procedimiento para crear el casco donde yo metería mis piernas.

LA PRIMERA VEZ QUE VI MIS NUEVAS PIERNAS

Recuerdo como si fuera ayer el momento en el que me trajeron mis nuevas prótesis. Aquella primera vez tenía frente a mí una especie de material de yeso, con el molde de mi pierna de plástico y unas ligas de silicona, todo eso conectado con un tubo de titanio y, al final, un pie de goma. Aquello me parecía muy raro, muy distinto. Nunca antes había visto una pierna que no fuese real.

Me imaginaba cómo sería usar esas cosas pegadas en mi cuerpo. Recuerdo que apenas las usé por primera vez me dolió. Y, de hecho, también me picaba. Yo me la quería quitar desde el principio. Mi cuerpo la rechazaba.

La piel se me ponía roja y me molestaba. Mi mente, además, parecía no aceptarla. Sin embargo, al mismo tiempo, me sentía muy feliz porque, finalmente, podría caminar otra vez.

LOS PRIMEROS PASOS DE MI NUEVA VIDA

La primera vez que me paré después de haber perdido mis pies, me sentí invencible. Ese día todo dejó de estar en blanco y negro y se llenó de colores. Eran los primeros pasos de mi nueva vida.

Al principio, recuerdo que subí los brazos. Era como una gran victoria, como si hubiese ganado la medalla de oro de la vida. A pesar de que estaba sudando, me sentía poderoso, pensaba que todo lo malo había valido la pena, que cada sufrimiento, cada dolor, habían sido necesarios para mí. Y que todo en mi vida, después de ese día, sería mejor. Cada nuevo día, en otras palabras, sería como una gran victoria.

PERSPECTIVA RENOVADA

Desde el día en que me paré por primera vez, después de haber perdido mis cuatro extremidades, me enamoré nuevamente de la vida. Al fin podía ver a las personas cara a cara, desde una nueva perspectiva para mí.

Imaginen, por un momento, que se sientan en una silla y que de allí en adelante, a lo largo de todo un año, no pueden pararse de ella. Ya la visión es desde abajo hacia arriba. Uno siente como que todo es más grande que uno porque todo sobresale. Ahora imaginen que un día les dicen que ya pueden pararse de la silla. Entonces, la manera de ver las cosas cambia por completo y los sueños también.

Era muy emocionante. A pesar de que no era fácil, intentaba caminar por donde yo quisiera y, algo muy importante, estaba comenzado a vivir mi vida como cualquier niño de mi edad. En otras palabras, me había enamorado de estar parado nuevamente y de poder ver la vida desde otra perspectiva.

LAS PRÓTESIS

Cuando me pusieron las prótesis me sentía extraño. Era como que una parte de mi cuerpo las rechazaba y, sin embargo, la otra sólo quería caminar y ser independiente.

Algo así como cuando uno tiene zapatos nuevos y se los pone por primera vez. ¿Saben? Uno siente que le quedan apretados, pero está feliz de usarlos. La única manera de sentirnos cómodos es usándolos y usándolos. Así como el pie se acostumbra al zapato, nuestra mente se acostumbra a la prótesis y, con la práctica, cada día era más fácil de usar.

En ese momento no imaginaba que, después de cinco años, iba a poder tenerlas puestas a veces por más de 18 horas seguidas. Como hoy, por ejemplo, mientras escribo estas páginas. Sin embargo, en ese momento eran algo nuevo para mí, no estaba acostumbrado. Por eso, decidí tomar un día a la vez, haciendo todo con calma.

Algunos días me daba picazón y las piernas se me ponían rojas de tanto rascarme. Recuerdo que hubo una persona llamada Roger, que me dijo que para seguir caminando tenía que ponerme hielo con presión para que dejara de estar rojo e inflamado. También me dijo que no sería la única vez que se me hincharían las piernas, que eso era normal al principio.

Mi piel era muy delicada por todos los injertos de piel que me tuvieron que hacer. Recuerdo que cuando me daba picazón mi papá mojaba una toalla con agua fría y me la ponía en mis piernas. Esa era la solución perfecta para parar la picazón.

LA NEVERA DE POA

¿Recuerdan el antibiótico profiláctico que tanto dinero nos costaba? Bueno, a pesar de darnos dolores de cabeza, nos dio también muchas enseñanzas.

Recuerdo que, durante ese proceso de volver a caminar, mi papá y yo duramos como un mes y medio en Orlando. Prácticamente estábamos viviendo en esa ciudad, así que nos llevamos el famoso antibiótico con nosotros.

Un día decidimos llevarlo a POA, porque creímos que iba a estar más seguro en la nevera de ese lugar. Luego de unos días de mucho trabajo físico y mental, llegó el viernes y decidimos regresar a Miami para pasar el fin de semana. Necesitábamos estar en nuestro hogar, al menos por un rato.

Como las prótesis que había usado hasta ese momento eran temporales, nos pidieron que las dejáramos y nos dijeron que cuando volviésemos podía usarlas de nuevo. Yo no entendía por qué, pero luego comprendí que el espacio donde yo metía mis piernas era de plástico y los doctores, luego de que yo las usaba, podían detectar cuánta presión generaban mis piernas en ese material transparente.

El fin de semana voló y el lunes ya estábamos de vuelta en Orlando. Cuando llegamos, todo estaba como lo habíamos dejado. Fuimos a la compañía de las prótesis y me las dieron de nuevo para usarlas. Caminé casi toda la tarde, hasta que estábamos cansados y mi papá me dijo que nos fuésemos.

Yo le dije que buscara el antibiótico porque ese lunes me tocaba tomarlo. Mi papá fue a la nevera del lugar — donde habíamos dejado el antibiótico— y, como a los dos minutos, regresó con cara de preocupado, diciéndome que en la nevera no estaba la medicina.

Inmediatamente, fuimos a hablar con la registradora que se llamaba Debby, porque ella estaba pendiente de todo. Recuerdo que nos dijo:

— *Lo que pasó fue que la nevera estuvo dañada el fin de semana y ellos tuvieron que botar todo lo que tenía adentro.*

Mi papá y yo casi nos desmayamos, le preguntamos si ella estaba bromeando con nosotros pero nos respondió:

— *No, para nada, le estoy diciendo la verdad.*

Nosotros no lo podíamos creer. Pensábamos "¿Y ahora qué vamos a hacer?". Entonces, le explicamos que nosotros habíamos dejado un medicamento súper costoso el fin de semana allí porque donde estábamos no había nevera y el antibiótico necesitaba estar refrigerado.

Ella se quedó paralizada, pidiéndonos disculpas. Luego, nos dijo que le diéramos un momento para hablar con Stan Patterson, el dueño de la compañía de prótesis en Orlando, para ver qué se podía hacer. Stan vino enseguida hasta donde estábamos sentados y nos preguntó qué había pasado. Mi papá, en su inglés machucado, le contó.

Lo primero que hizo Stan fue decirnos que no nos preocupáramos, que lo íbamos a solucionar. A mí, en lo personal, me impresionó su serenidad y la seguridad con la que nos hablaba.

Nos dijo que llamáramos a la farmacia que vendía el antibiótico y que él mismo lo pagaría. Eso nos dio tremenda lección de vida. Parecía mentira que algo que para nosotros había sido tan complicado conseguir, él pudiera resolverlo tan fácilmente. Estoy seguro de que Dios lo puso en nuestro camino para ayudarnos a seguir superando la gran prueba de obstáculos que estábamos viviendo.

GENTE DIFERENTE Y ADMIRABLE

En POA conocí a muchas personas. Cada una con una historia de vida digna de admirar. Historias que me enseñaron a ser mejor persona y a no quejarme por aquello que no valía la pena. Dicho en venezolano: "A no gastar pólvora en zamuro" o, más coloquialmente, a no patalear por cualquier estupidez.

Esta vida es muy corta como para no disfrutarla al máximo. Una vez que aprendí eso, comencé a lamentarme menos y logré ser más feliz.

Hoy en día tengo amigos amputados por todo el mundo, y le doy gracias a Dios por haberme permitido entrar y formar parte de una de las mejores compañías de prótesis del mundo.

PIDE UN DESEO

Entre tantas experiencias que viví durante la dura prueba que me puso la vida de quitarme mis manos y mis pies, recuerdo una en especial que me marcó para siempre.

Todo comenzó en Miami, en el hospital Joe DiMaggio, con una enfermera que, luego de la amputación, me cuidaba durante las madrugadas. Un día yo estaba dormido y su voz me despertó. Era ella hablando con mi mamá. Recuerdo que le dije a mi mamá que dejara de hablar, que tenía sueño.

Resulta que la enfermera le estaba comentando que ella conocía una fundación llamada "Pide un Deseo", en inglés *Make a Wish*, que ya le había cumplido los sueños a algunos pacientes del Joe DiMaggio y a quienes, tal vez, podíamos contactar para que me cumplieran un deseo a mí también.

Mi familia los contactó y un día aparecieron en el hospital dos señoras puertorriqueñas que comenzaron a hacerme muchas preguntas e iban anotando en una pizarra grande. Por ejemplo, me preguntaron cuáles eras mis artistas favoritos, qué lugares me gustaría conocer y qué me gustaría tener.

Yo respondí que quería conocer a peloteros famosos como Vizquel y Galarraga, o a Chyno y Nacho o a Denzel Washington. También mencioné que quería viajar a Dubai y, también, a las islas Fidji. Mis lugares favoritos eran playas porque siempre me ha encantado estar en el agua. Tan solo pensarlo me hacía sentir mejor.

Las señoras de la fundación comenzaron a tachar opciones, como descartando lo que tal vez no era más importante para mí en ese momento. Entonces, quedaron tres opciones: equiparme un cuarto con cama, televisor, computadora o viajar a algún lugar exótico.

Ese día, ellas se fueron y no las vi más, hasta un día que nunca olvidaré. Para entonces, yo había salido del hospital y estaba en mi casa cuando sonó el teléfono. Eran ellas, las señoras de la fundación. En ese momento, me explicaron que habían decidido cumplir mi sueño de viajar y llevarme a Hawaii con todos los gastos pagados.

Yo me sentía bendecido, privilegiado, valorado. Y no paraba de pensar cómo iba a ser ese viaje para mí. Coordinamos la fecha y, unas semanas después, había llegado el momento de cumplir mi sueño.

Para ese entonces yo ya tenía mis prótesis. Aún no caminaba perfectamente con ellas, me cansaba mucho. Todavía no me acostumbraba a tenerlas todo el tiempo. Sin embargo, ya podía avanzar y caminar poco a poco.

Recuerdo que cuando mi papá y yo estábamos haciendo maletas, él se acordó de que tendría que ponerme el antibiótico en Hawaii. Pensamos cómo nos íbamos a llevar esa medicina en un viaje tan largo, ya que necesitaba estar refrigerado.

Recuerdo que nos vinieron a buscar en una limusina para llevarnos al aeropuerto de Fort Lauderdale. Íbamos llenos de "peroles", como se dice en Venezuela, es decir, de muchos objetos de todo tipo, como maletas, una silla de ruedas y, lo más importante, una cava de anime que contenía hielo y el antibiótico.

La gente nos veía con cara de locos, porque ¿quién lleva una cava a un aeropuerto? Bueno, en este caso, éramos nosotros y teníamos razones de peso para hacerlo.

HAWAII

En Hawaii disfruté demasiado. Tanto que quisiera regresar una y otra vez. Nos alojamos en un hotel en Honolulú, en la famosa Waikiki, en la isla de Oahu. Detrás del hotel quedaba una piscina y una hermosa playa con agua cristalina. La gente era tan amable que me hacían sentir como si estuviera en casa.

Conocimos su cultura y todos los días comíamos panquecas con fresa y piña. En Hawaii la vida es muy diferente, todo está relacionado con las olas, el mar y con el surf. Algo que aquí no existe.

Hicimos muchos nuevos amigos, uno en específico que era de Venezuela y recuerdo que, cuando lo vimos por primera vez, le preguntamos.

> — *Chamo ¿qué haces tú tan lejos de Venezuela?*

Y él nos respondió:

> — *Mi pana, me enamoré de la ola y me trajo hasta aquí. Es lo mejor que me ha pasado en la vida.*

Fue una experiencia inolvidable que espero algún día poder vivir de nuevo. También aprendí palabras como *Mahalo* que significa gracias y *aloha* que puede significar "hola" o "chao" en hawaiano. Fue mucho mejor que un sueño.

EL COMPLICADO PROCESO

Ponerme las prótesis era, al principio, muy complicado para mí. Sólo les voy a resumir, de manera muy breve, para que se hagan una idea.

Primero, me tenía que colocar mucha crema para que mi piel estuviera lubricada. Luego, tenía que ponerme los "liners", unas medias de silicona que llegaban a la mitad de mi pierna y que eran —y siguen siendo— mi soporte para apoyar sin dolor. Después tenía que ponerme las medias de tela o algodón y, finalmente, me ponía la prótesis con un *sleeve* o manga, que me hacía tener las prótesis ajustadas al cuerpo. Esto tenía que hacerlo muchas veces al día.

Recuerdo que mi papá siempre me motivaba a caminar. Una de las formas era, precisamente, poniéndome las prótesis una y otra vez. Después de un tiempo haciéndolo, él se volvió todo un maestro. Nadie me las ponía mejor que mi papá.

Hoy en día, yo me pongo y me quito las prótesis cuando quiera, y es algo común en mi día a día, como tal vez sea para ti ponerte los zapatos o amarrarte la correa. Ya no necesito ayuda y por eso siempre le doy gracias a Dios, por guiarme en todo. Como dice un dicho, "los planes de Dios son perfectos", él es el que todo lo sabe.

Después del primer mes de estar en Orlando, un señor me vio caminando y le conmovió ver que no podía caminar sin ayuda. Habló con mi papá y le comentó que para yo empezar a caminar por mí mismo, tenía que comenzar a dar pasos con una andadera. Recuerdo que a mi papá le pareció fabulosa la idea, porque tenía mucha lógica. Ese mismo día fue a comprarme la famosa andadera.

LA ANDADERA

Ese día me encontraba caminando en las barras cuando, de repente, mi papá llegó con una bolsa transparente, que tenía una mini andadera de color azul.

Cuando la vi por primera vez, pensé lo difícil que sería usarla para caminar, porque yo no tenía manos para afincarme o apoyarme y dar algún paso. Voy a ser sincero: me parecía imposible.

Después de ese momento, me di cuenta de que para POA nada es imposible. Ellos, sencillamente, no descansan hasta lograr sus objetivos.

Mi papá habló con la señora Pascale, que era la terapeuta que me estaba atendiendo en ese momento, y le dijo lo que había comprado. Ella le respondió que iba a hablar con Steve, la persona encargada de ese departamento.

Ella, efectivamente, habló con Steve y él vino a donde yo estaba. Me vio los brazos y me hizo presión en la parte de abajo para ver si me dolía. Yo le dije que no sentía ningun dolor. Él me dijo que era perfecto y que me iba a hacer unos moldes, iguales a los de las piernas pero en los brazos, cerca del área de los codos.

Al final del día, mi andadera estaba lista. Lo admito, al principio no me gustaba usarla porque me sentía como un niño pequeño aprendiendo a caminar por primera vez. Era vergonzoso, me daba pena. Hoy en día entiendo que la pena es una palabra de cuatro letras que solo sirve para limitarnos y para detenernos. Mi recomendación: nunca permitas que la pena te gane la batalla. Depende de nosotros si dejamos que nos domine o si, por el contrario, la dominamos a ella.

Con la andadera caminaba lento, pero seguro. Gracias a ella fui poco a poco agarrando confianza. Sin embargo, después de un tiempo, ya me sentía cómodo con las prótesis, sólo que quería caminar rápido y no podía.

La andadera no me dejaba por el peso. De hecho, siempre me enredaba y me caía. Un día me propuse dejarla. Pensé que si me iba a caer, lo haría con todas las de la ley, sin andadera. Y sí, me caí muchísimas más veces pero, poco a poco, fui aprendiendo a caminar con mis prótesis hasta que ya no me caía casi nunca.

Aprendí a tener el equilibrio necesario para mi peso, a subir escalones, a bajar y subir por una rampa. Y, en definitiva, aprendí a caminar nuevamente.

En la vida, si quieres algo, si lo deseas profundamente, sólo tienes que proponértelo y hacer hasta lo imposible para lograrlo.

EL DÍA MÁS MÁGICO DE MI VIDA

Como ustedes saben, la razón principal de mi viaje a Estados Unidos era conocer Disney. Es decir, mi papá, mi hermana y yo vinimos a este país a visitar a Mickey y a todos sus amigos.

Recuerdo que me moría por conocer todos los parques de diversiones, las montañas rusas, como le decimos en Venezuela, las atracciones, Universal Studios, Sea World pero, el que más me llamaba la atención de todos, era Disney World.

Nunca olvidaré que yo siempre cerraba los ojos e imaginaba ese gran castillo, con sus torres y sus luces. Y siempre, cuando veía una película de Disney, mi papá me decía que muy pronto iríamos a conocerlo. Sin embargo, pasó lo que nunca nadie imaginaría y, con ello, mi vida cambió drásticamente.

¿Saben algo? Yo estoy totalmente convencido de que todo sucedió así porque algo mejor vendría a mi vida, porque el destino quería que yo me convirtiera en una persona especial, diferente, única.

Y, como lo dice una persona muy especial en mi vida, Maickel Melamed: "Si lo sueñas, haz que pase", pues así mismo decidí soñar en grande y más adelante no solo cumplí mi sueño de ir a Disney y conocer su hermoso castillo, sino que también me atreví a soñar una vida mejor para mí, repleta de retos y de metas por cumplir. Y así lo he venido haciendo, desde hace ya varios años.

Recuerdo que, luego de la operación y de mi recuperación, fui a Disney con mi papá y mi hermana en un viaje familiar. Imagínense la ilusión que tenía.

Ese día fue, sencillamente, mágico y soy testigo de que Disney es el lugar donde los sueños se hacen realidad. Si alguien puede decirlo, ese soy yo.

Todo, para mí, parecía una fantasía. Los disfraces, la gente y, sobre todo, las atracciones que me encantaron y me hicieron recordar todas las películas que había visto desde pequeño. Nos trataron tan bien que me atrevería a decir que ese fue el día más mágico de mi vida.

Al final, logramos ver los estupendos fuegos artificiales alrededor del Castillo. Recuerdo que cuando los estaba viendo, me transporté a un mundo donde todo era felicidad, sonrisas y sueños cumpliéndose. No quería despertar de ese sueño. Y, honestamente, aún siento que no he despertado.

REGRESO A MI CASA

A los dos meses de caminar nuevamente, salí de POA para regresar a mi casa en Miami. Quiero aprovechar este momento para agradecerle a todo el equipo de esa increíble compañía por todo el apoyo y el cariño que me dieron. Sin ellos, no sé dónde, ni cómo estaría hoy en día. Ellos, en palabras sencillas, me devolvieron la vida. ¡Gracias!

Recuerdo que cuando volvimos a nuestra casa, ya yo era otra persona. Siempre trataba de estar de pie con las prótesis puestas.

De hecho, recuerdo que mi queridísimo Ferrari verde estaba sin batería. Yo le dije a mi papá que por favor la cargara, pero él no lo hizo. Por el contrario, me dijo que ya yo tenía unas piernas nuevas y que tenía que usarlas. Eso me motivó mucho y, a pesar de que al principio no me gustó la idea, hoy en día se lo agradezco mucho.

En resumen, durante ese tiempo, me dejé llevar. Solo caminaba, paso a paso, con calma. Recuerdo que cuando dejé de usar la andadera, me sentía más libre, aunque me cansaba más, porque no tenía un apoyo.

LA TERRIBLE CONFUSIÓN

Fueron unos días muy buenos para mí. Sin embargo, debo confesar que tuve momentos de confusión.

Después de un tiempo sin tener que ir a un hospital o a una clínica de prótesis, después de algunas semanas sin la necesidad de usar una silla de ruedas para moverme, y sin tener algún problema mayor, comencé a sentir que mi vida no tenía mucho sentido.

En resumen, pensaba y sentía que mi vida no era la de un niño normal de mi edad, así que le dije a mi papá que necesitaba ir a la escuela. Necesitaba una salida.

Mi papá me vio a los ojos y me dijo que una profesora podía venir a mi casa y darme clases. Yo le respondí que eso no era lo que yo quería, yo soñaba con ir a la escuela de nuevo, conocer gente, tener amigos.

LA ESCUELA

Recuerdo que convencí a mi papá de ir a la escuela. Ya yo me había mentalizado de que tenía que ir, de que era lo mejor para mí. Sin embargo, debo confesar que tenía mucho miedo de que las personas me vieran extraño y no me aceptaran como a cualquier otro niño.

Primero fuimos a una escuela que tenía un campo de béisbol grandísimo. Yo me emocioné y le pedí a mi papá que averiguara si podía entrar ahí. Yo me imaginaba corriendo por ese campo, jugando en el short stop, a lo Vizquel. Cuando llegamos a la oficina de ese colegio, mi papá dijo:

— *Buenos días, yo quisiera inscribir a mi hijo en este colegio. ¿Qué tengo que hacer?*

La señora me vio la cara y le dijo a mi papá que yo tenía que hacer varios exámenes, pero que la escuela no estaba aceptando a estudiantes en esa época —estábamos en la mitad del curso escolar—. Mi papá le pidió hablar con la directora para que por favor me guiara.

Recuerdo que la directora hablaba español. Ella llegó donde estábamos nosotros, se presentó y nos invitó a su oficina. Allí hablamos de lo que me había pasado.

A ella, en lo personal, le pegó mucho mi historia. Recuerdo que hasta se le salieron las lágrimas. Yo traté de convencerla, de verdad quería ir a esa enorme escuela, soñaba con comenzar mi nueva vida en ese lugar.

Sin embargo, las decisiones de la vida no siempre están en nuestras manos. Las cosas no siempre salen como uno quiere. Pero a veces es importante saber escuchar lo que la vida quiere decirnos y aceptar con humildad lo que Dios nos tiene preparado en el camino.

La directora, que por cierto era una boricua muy amable, que hablaba con mucha calma, me explicó las razones por las cuales no podría entrar en ese colegio. Al final, me hizo entender que yo todavía no estaba preparado para comenzar en una escuela avanzada como esa, sobre todo sin saber inglés. Sin embargo, me prometió que el siguiente año ella se iba a poner en contacto conmigo para ver si en ese momento yo había evolucionado.

Como podrán imaginar, esa vez no todo salió muy bien para mí. No entré donde quería, pero esa escuela me llevó a otro colegio, que era el que me tocaba por el lugar donde vivía. Y de esta forma, la vida seguiría dándome muchas sorpresas.

Nunca llegué a pensar que esa nueva escuela, a la cual me tocaba ir, sería tan importante para mí. En ese mismo instante, ellos llamaron al colegio donde yo tenía que ir y me averiguaron todo. Le dieron a mi papá los requisitos que tenía que llevar para poder inscribirme. La directora también me dijo que iba a estar pendiente de mí.

OLSEN MIDDLE SCHOOL

El día siguiente, recuerdo que me desperté con mucha ansiedad. Tenía todas las ganas de comerme el mundo. Me sentía feliz. Esa mañana desayuné una arepa con queso y, al terminar, mi papá y yo reunimos los requisitos para mi inscripción.

Unas horas más tarde, llegamos al Olsen Middle School, mi nuevo colegio. Entramos a la oficina diciendo que yo era Franklin Mejías. Apenas escucharon mi nombre, nos reconocieron y nos sentaron en una mesa redonda para llenar todo el papeleo. La directora del colegio anterior ya había llamado a este para que nos esperaran.

Recuerdo que, al terminar, llegó una señora de pequeña estatura, con pelo corto, que se llamaba Irene Ortiz. Después de que la conocí, entendí que ella sería mi consejera, es decir, la persona que estaría a cargo de mí.

MI PRIMERA VEZ SOLO

Después de llenar los papeles, mi papá se fue y allí estaba yo, solo por primera vez, luego de mi operación.

Era la primera vez que me quedaba solo en un lugar, sin alguien de la familia que me ayudara o que estuviera pendiente de mí. Mi papá ya me había dicho que él no quería "lanzarme a los leones", es decir, que no quería dejarme solo. Tenía miedo de que yo no supiera o no pudiera defenderme por mí mismo.

Sin embargo, ese día él se fue y para mí era un momento muy emocionante. Era una gran prueba de vida.

Recuerdo que Ms. Ortiz, con su evidente acento cubano, me preguntó:

— *¿Estás ready?*

Yo, por supuesto, dije que sí. Ya no aguantaba más, tenía millones de emociones en ese momento. Y quería comenzar el proceso.

Caminamos un poco y, entonces, ella se detuvo y me dijo:

— *Es aquí, vamos a entrar.*

Tocó la puerta. Yo no sabía qué esperar. No sabía si estábamos entrando a una oficina o a un salón de clases. Entonces, un niño de mi edad abrió la puerta. Era un niño de pelo oscuro, con sus manos y sus pies que, de ahora en adelante, sería uno de mis compañeros de clase. Pensar que desde ese momento comenzaría a relacionarme con niños como yo era magnífico. Era, exactamente, lo que necesitaba para seguir adelante.

Al momento de entrar al salón, había más de 25 estudiantes. Todos me veían al mismo tiempo. De hecho, me convertí en el centro de atención, por al menos un minuto.

Además de los otros niños, en aquel salón estaba también una profesora. Su nombre: Ms. Ionita. Era mi profesora de la primera clase.

Recuerdo que ella preguntó mi nombre y de dónde venía. Yo respondí y me senté en un pupitre de la primera fila. Era extraño porque no estaba acostumbrado a un asiento tan duro como ese y, además, me sentía un poco incómodo porque todos me veían y sonreían.

El miedo que yo sentía al inicio había pasado. Me sentía aceptado. La prueba de fuego había sido superada.

Mi papá estaba muy preocupado. Me escribía para saber si estaba bien. Me escribía si yo quería que él me buscara. Y yo, en mi cabeza, me reía pensando en que las cosas estaban cambiando, poco a poco, para mejor.

Ese mismo día conocí a varios niños que se fueron convirtiendo en mis amigos. Ya mi vida empezaba a tener un poco más de sentido.

Luego de salir de ese salón, fui a mi siguiente clase: matemáticas, con Mr. Montoya. Era un profesor que me gustaba cómo explicaba. De hecho, me encantaba su clase.

MI PRIMER RECREO

Jamás olvidaré mi primer recreo. Era muy emocionante porque ya yo tenía mis prótesis y, a pesar de que me cansaba mucho, sentía una independencia que no quisiera perder otra vez.

En el recreo, Mr. Montoya le dio un papelito con un número a Felipe, un compañero de clase, para que yo pudiera buscar mi comida. Entonces, fuimos a la cafetería y me explicó cómo hacer para pedir la comida todos los días.

Aquel recreo fue muy especial. Todo estaba muy ordenado. La gente compartía con sus amigos y, como yo no conocía a nadie, escuchaba las conversaciones de los demás. Era como unirme a una nueva familia.

Luego, fui a mi última clase, con Ms. Arroyo. Era una clase a la cual había que prestarle mucha atención porque ella hablaba rápido y si uno se distraía, perdía el hilo.

Al terminar esa clase, todos salimos del colegio y, como yo no sabía hacia dónde caminar, seguí a los demás. Entonces, llamé a mi papá y me dijo que me iba a ir a buscar. Y así fue.

Ese día había vuelto a ser, formalmente, un niño normal y corriente, que iba a la escuela como todos los demás. Allí estudié por dos años. Fue, sin duda, un gran impulso en mi nueva vida.

LA CASA DE LOS PRIMITOS

En aquella época, visité por primera vez una casa que sería muy especial para mí. Era "la casa de los primitos", como la bautizamos nosotros. Era la casa de la familia Sánchez.

Allí viví muchísimas experiencias importantes. Por ejemplo, fue allí donde me bañé por primera vez en una piscina, sin manos y sin pies. Recuerdo que yo me sentía en otra dimensión. Era como un bebé recién nacido. Era súper incómodo.

En pocas palabras, y para ser honesto, era muy triste para mí. Yo solo quería bañarme y divertirme, pero nunca pensé que sería tan difícil. Al principio, mi papá tenía que ayudarme para que no me hundiera y pudiera mantener el equilibro.

Sin embargo, con el tiempo, fui practicando y entendiendo cómo hacer para flotar sin ayuda y para nadar solo en aquella pisicina.

Yo siempre quería estar en ese lugar. Allí me trataban muy bien. Me hacían chicha, mandoca, empanadas, mondongo y me hacían sentir como en mi casa. La señora Xiomara era como mi ángel de la guarda y eso siempre se lo voy a agradecer.

En "La casa de los primitos" también preparé mis primeras hallacas, sin manos y sin pies. Al principio tenía miedo, porque no sabía si sería capaz de hacerlo. Me sentía limitado. Sin embargo, allí aprendí una gran lección de vida: siempre debemos aprender a surfear la ola que nos toque y no necesariamente la que queremos.

Esto lo digo porque cuando era chiquito recuerdo que me tocaba amarrar las hallacas. Esa era mi especialidad: amarrar. Mientras otros cortaban las hojas o las rellenaban, yo las amarraba.

Sin embargo, amarrar sin manos es algo complicado, así que en aquella ocasión, por primera vez, tuve que aprender un nuevo proceso: aplanar la masa con el rodillo. Desde ese día me convertí en el "aplanador oficial" de la familia y, con ello, entendí que siempre podemos alcanzar lo que queremos y, mucho más aún, si lo hacemos en equipo.

VIDA PÚBLICA

Debido a todo lo que me ha pasado, mi vida se ha vuelto pública, es decir, la gente, en su gran mayoría con ganas de ayudarme, ha querido saber sobre mí y sobre mi caso, así que me ha tocado compartir mi historia con muchísimas personas.

He sido invitado a eventos de motivación, programas de televisión, de radio, entrevistas de prensa y he compartido con figuras famosas e importantes.

Nunca olvidaré, por ejemplo, haber conocido a Chyno y Nacho. Ellos me apoyaron en un evento que hicimos para recaudar fondos en los momentos más difíciles de mi proceso. Los conocí muy de cerca y gracias a ellos aprendí que uno nunca debe perder la humildad. Los seres humanos siempre debemos tener los pies sobre la tierra.

Otra de las experiencias que impactó mi vida fue haber sido entrevistado por un excelente profesional y una gran persona, de origen cubano. Un ícono del periodismo latinoamericano. Un presentador reconocido en el mundo entero: El gran Ismael Cala.

Pienso que esa entrevista con él fue una de las más importantes que he tenido, porque estuvo llena de preguntas y de consejos que impactaron mi vida. Él me dijo que nunca debía huir de los planes que Dios tenía para mí, que tenía que buscarle un sentido a todo lo que había vivido y que, si yo quería, podía ser un gran motivador.

Recuerdo que, después de esa entrevista, mi forma de pensar cambió radicalmente, queriendo ser otra persona, alguien que pudiera motivar a los demás y ser un ejemplo de vida. Eso me impulsó a seguir con este gran proyecto de mi libro.

MÁS ALLÁ DE MIS MANOS

Sin embargo, otra de esas personas que me ayudó a entender el propósito que Dios estaba construyendo en mi nueva vida fue Nelson Bustamante, un gran presentador de televisión venezolana, que conocí en un seminario de Vicente Passariello.

Vicente, en aquel momento, me dio cinco minutos para contar mi historia y motivar a los presentes. Entonces, al terminar, Nelson se me acercó, se presentó y yo me emocioné mucho porque toda la vida lo había visto en la televisión en Venezuela. Ese día, Nelson se puso a la orden y allí comenzó una gran amistad que todavía mantenemos.

Nelson estuvo, por ejemplo, en el evento de Chyno y Nacho, así como también en uno de los días más hermosos que recuerdo, cuando fuimos a repartir juguetes a los niños del Joe DiMaggio, durante la Navidad del 2013.

Aquella vez, Nelson organizó la recolección de más de cien juguetes nuevos que llevamos al Joe DiMaggio para tratar de alegrarle un poco la vida a los niños que estaban allí, de la misma forma como lo hicieron conmigo durante mi proceso.

Aquel día conocí también al hermano de Nelson, Jorge González, quien más adelante se convertiría en el editor de este libro que hoy tienes en tus manos. Entre mi papá, Nelson, Jorge y yo hemos venido construyendo esta historia durante más de un año para compartirla contigo.

Con Nelson aprendí a hablar en público. Me dio muchos consejos para perder el miedo frente a los demás. Recuerdo que siempre me decía que debía modular mejor para que las personas pudieran entenderme. Y así he tratado de hacerlo. Cada día mejor.

Nelson tiene un proyecto llamado Motiva Channel, una plataforma comunicacional dedicada a mostrar contenidos que motiven a las personas a ser mejores. Y ese es, precisamente, mi objetivo principal en esta vida: ser motivo de ejemplo y de inspiración para que las personas alcancen sus sueños.

En conclusión, siempre había tenido la idea de escribir un libro, pero lo admito, esto no hubiera sido posible sin la gran ayuda de Nelson Bustamante y Jorge González. Y mi papá, por supuesto. Ellos han sido como la gasolina para yo poder decir hoy, con todo el orgullo del mundo, que pude escribir mi propio libro aun sin tener manos.

Porque la vida está llena de duras pruebas y de difíciles enseñanzas. Y porque los seres humanos no somos solo materia sino también espíritu. Por eso el nombre de este libro es ***Más allá de mis manos.*** Porque más allá de ellas hay un Franklin con un corazón y un alma dispuestos a recorrer el mundo.

Todo es posible en esta vida, se los juro. Y les doy un consejo: no dejen las metas y los objetivos para después. Si quieren lograr algo, tienen que tomar acciones, proponérselo y hacer hasta lo imposible para lograrlo.

ACTUALIDAD

Hoy en día, llevo una vida más que normal. Lo primero: puedo caminar como cualquier otra persona. Tengo unas prótesis en mis piernas —a partir de las rodillas—, con las cuales puedo hacer exactamente lo mismo que ustedes. De hecho, hoy en día puedo tenerlas puestas hasta por 16 horas seguidas.

Además de eso, estoy en el quinto año de la secundaria o, como se conoce aquí en los Estados Unidos, en el año Junior del High School. Tengo muchos amigos. Monto bicicleta, nado, corro, juego, bailo y hasta juego ping-pong.

Capítulo 7
Sueños Olímpicos

SUEÑOS OLÍMPICOS

Durante toda mi vida me había gustado jugar ping-pong. En Venezuela lo había jugado muchas veces, pero nunca imaginé que un día perdería mis manos y no podría volver a hacerlo. Al menos, sosteniendo las raquetas con mis manos. Sin embargo, la vida te da sorpresas.

Luego de mi operación, ya sin manos, estaba en un gimnasio al que iba para ejercitar mis piernas. Ahí la vi por primera vez. Era una hermosa mesa de ping-pong, con las raquetas y la pelota. Yo, por dentro, soñaba con jugar de nuevo, pero me parecía imposible porque no tenía manos para sostener la raqueta.

Un día pasé por la mesa y traté de agarrar la raqueta con mis dos muñones. La pude agarrar pero traté de hacer el swing para jugar y fue imposible.

Sin embargo, al día siguiente lo volví a intentar, pero esta vez tenía una pelota de ping-pong. Luego de varios intentos, logré pegarle y, de allí en adelante, me gustó tanto la idea que decidí ir al gimnasio todos los días sólo a jugar este deporte.

Recuerdo que un día estaba jugando con mi papá y un señor se sorprendió de cómo jugaba yo. Ese día me preguntó si conocía el club de ping-pong. Yo me presenté y le dije que no conocía ningún club y que, en todo caso, me encantaría conocerlo.

Él se quedó impactado y me dijo que yo tenía que ir, que veía mucho potencial en mí. Recuerdo que me dio un papel con la dirección del lugar y el nombre del club: Broward Table Tennis Club o, en español, el club de Tenis de mesa de Broward.

La emoción no me permitió esperar mucho tiempo, así que ese mismo día fui al club. Recuerdo que cuando llegué me sentía en el palacio del ping-pong. Había más de veinte mesas y gente jugando por todos lados. Parecían profesionales. En ese momento me dije a mí mismo: "Yo voy ser uno de ellos".

Comencé a jugar con una persona del club, pero no habían pasado ni cinco minutos cuando mi papá me hizo una seña para que fuera dónde estaba él.

Cuando llegué, me encontré con una mujer en silla de ruedas, que mi papá me presentó como Terese Terranova, la Campeona Paralímpica del año 1994. Mi reacción, al momento de verla, fue de asombro porque me parecía increíble cómo, una mujer en silla de rueda, pudo ser campeona mundial.

Terese era una mujer muy amable y, en ese momento, no imaginé que terminaría siendo una pieza tan importante en mi vida. Ese día conversamos por un rato y, entre otras cosas, ella se ofreció para entrenarme.

¿A mí? ¿En serio? Yo no podía creerlo. Me parecía un honor muy grande. Recuerdo que ese día no quedamos en algo puntual, sólo me dijo que cuando yo quisiera podía regresar al club y hablar con ella.

Así pasaron dos o tres días y regresé al club. Desde ese mismo instante, mi vida tenía más sentido. Recuerdo que, desde entonces, Terese se convirtió en mi *coach* y, hoy en día, lo sigue siendo.

Nunca olvidaré lo que experimenté cuando comencé a jugar ping-pong formalmente. Me sentía poderoso, hábil, independiente, aunque había todo un mundo de reglas y de técnicas que yo desconocía.

159

Gracias a ella tengo un conocimiento mucho más amplio sobre el ping-pong y conozco técnicas importantes para poder jugar sin errores. También, gracias a ella, conozco al señor Carlos y a Rick, dos personas con quienes he puesto en práctica todo lo que ella me ha enseñado.

Me atrevería a decir que Terese conoce este deporte perfectamente. Más allá de los muchos reconocimientos y trofeos que tiene, es evidente que ella es una completa profesional. Nunca olvidaré, entre otras cosas, una foto del año 1994 que tiene con el presidente de los Estados Unidos, Bill Clinton.

Un día Terese me estaba entrenando. Yo trataba de hacerlo lo mejor posible, pero estaba cometiendo un error muy evidente. Entonces, me dio una idea que cambiaría mi manera de jugar para toda la vida.

La idea era amarrarme la raqueta en mi mano derecha con una venda. Ella me comentó que así iba a tener más accesibilidad en los lados, más balance y más alcance.

Pusimos a prueba la idea y, al principio, me sentía incómodo, sobre todo cuando trataba de pegarle a la pelota. Sin embargo, también estaba más libre y con mucho más alcance y mejor movimiento. Su idea había funcionado, pero faltaba desarrollarla más. Mi misión era practicar la mayor cantidad de tiempo posible.

Por un tiempo jugué con la raqueta amarrada con vendas. Ya me había acostumbrado y sentía que jugaba muy bien. Sin embargo, un día Terese me llamó diciéndome que Mike, una persona del club, se había ofrecido para hacerme una adaptación mucho mejor que la que lograba con las vendas.

Ese mismo día fui al club. Estaba totalmente vacío. Era muy temprano. Allí estaba Mike, quien me vio y me llamó para que habláramos. Aquel día me dijo que tenía la solución para mí. Recuerdo que trajo una raqueta nueva con varios materiales para poder terminar la adaptación.

La raqueta era de madera y estaba tallada directamente por él. Recuerdo que el mango lo hizo con un ángulo de cuarenta grados para que yo tuviera más agarre. La raqueta, por otra parte, la atornilló a un pedazo de plástico que cubría el lado de mi muñón derecho.

Recuerdo que a la parte de adentro, que hacía contacto con mi piel, le puso un material suave como foam, para que no me maltratara la piel y, por último, las vendas, las cuales enrolló alrededor del brazo, bien apretado, para que la raqueta no se moviera.

Apenas me puso la nueva raqueta noté el cambio. Era evidente. Ese día, poco a poco, me fui acostumbrando a mi adaptación. Cada día que iba, aprendía una técnica nueva y así cada día jugaba mucho mejor.

A las personas les encantaba jugar conmigo. Siempre que iba a practicar tenía con quién jugar. Inclusive, a la gente le gustaba ir a verme jugar. Supongo que les parecía ineteresante ver cómo una persona sin manos podía jugar ping-pong como cualquier otro.

Un día estaba jugando una partida con Steve, un amigo que había conocido en el club, y la señora Terese me dio una noticia buenísima: me dijo que la siguiente semana tendría mi primer torneo, ahí mismo en el club.

Yo no lo podía creer, mi reacción fue abrazarla y darle las gracias por todo lo que me había enseñado. Eso me motivó a seguir entrenando para poder dar lo mejor de mí ese día.

Debo admitir que antes del torneo me imaginaba muchas cosas. Por ejemplo, soñaba con que le iba a ganar a los mejores del club y que iba a quedar campeón como en las películas. Soñar no cuesta nada.

Sin embargo, también quería dejar saber a todo el mundo que yo, a pesar de no tener manos, era capaz de competir con personas sin limitaciones físicas y que, por lo tanto, en la vida todo es posible. Tenía una necesidad de demostrarles que con ganas y constancia todo se puede.

Recuerdo perfectamente el día antes del torneo, cuando mi papá llegó de su trabajo. En aquel momento me pregunto cómo me sentía y yo le respondí que un poco nervioso, aunque bastante preparado.

Él me dijo que me tenía un regalo para el torneo. Recuerdo que era mi primera camisa profesional de ping-pong, marca Butterfly, color azul. Apenas la vi, me la puse. En ese momento, solo quería que el torneo comenzara.

MI PRIMER TORNEO

El día del torneo había llegado. Era el sábado 16 de enero del 2016. Mi papá me despertó dándome ánimos. Me dijo:

— *Arriba, mi campeón, hoy es el gran día.*

Yo estaba súper ansioso y me levanté enseguida. Cuando salí de mi cuarto, me esperaba un desayuno mega nutritivo para que tuviera un día lleno de mucha energía.

Recuerdo que llegué al club como a las 8:30 de la mañana. Era la primera vez que lo había visto tan lleno. Ni siquiera la gente podía caminar. Todos los que iban a jugar estaban practicando con sus amigos y familiares. Eso me dio la idea de que yo también podía practicar mientras me llamaban para comenzar.

Recuerdo que fui a donde estaba la señora Terese, la saludé y le pedí que por favor me pusiera mi raqueta para ir practicando. A ella le gustó la idea y me dijo que practicara mi saque.

Cuando ya tenía la raqueta puesta, le pedí a un compañero que practicara conmigo. Allí estuvimos como media hora y, durante ese tiempo, puse a prueba mi saque y mi mate para ver cómo estaban.

La verdad es que me sentí muy confiado y ya quería comenzar a jugar. Empecé a sudar y mi papá me dijo que descansara un poco porque luego iba a estar cansado cuando me llamaran.

Estaba tomando agua cuando la señora Terese dice mi nombre. En ese momento me di cuenta de que el torneo había comenzado.

Sería una tontería negar que los nervios los tenía a mil. Yo veía a mi papá, pero él me sonreía y debo admitir que eso me daba mucha confianza.

Mi primer contrincante era un niño de mi edad que no conocía. Un niño de mi edad, pero con sus dos brazos y sus dos piernas. Recuerdo que lo saludé y le pregunté su nombre. Se llamaba Justin y era muy hábil.

En ese primer juego di lo mejor de mí. Le hice puntos. Era mi primer oponente. Sin embargo, a pesar de todos mis esfuerzos, perdí las tres partidas seguidas.

El siguiente era un adulto, también sin ninguna limitación física, de origen chino, que de verdad jugaba muy bien. Luego me confesó que conmigo jugaba muy incómodo, porque tenía una manera única de jugar, también me ganó tres partidas y yo le gané una.

A pesar de haber perdido seis veces y haber ganado solo una, yo me sentía el centro de atracción. Todo el mundo me veía jugar y eso me motivó a dar lo mejor de mí.

Por último, jugué con otro niño que era novato como yo y también era su primer torneo. En aquella oportunidad él me ganó dos juegos y yo le gané tres. Era mi primera gran victoria como jugador de ping-pong.

Al final del torneo, quedé agotado. Lo había dado todo. La señora Terese, el señor Carlos y mi papá estaban muy orgullosos de mí porque había jugado muy bien.

Sin embargo, lo más importante es que ese día me di cuenta de que no quería estar más que en un torneo de ping-pong. Yo necesitaba algo más importante, más grande. Ese día decidí que me prepararía para ir a las olimpíadas especiales o juegos paralímpicos.

FUNDACIONES

Si hay algo que tengo que mencionar y agradecer en este libro es el apoyo que he recibido siempre de diferentes organizaciones sin fines de lucro y, sobre todo, de las fundaciones que han trabajado para que mi proceso haya sido mucho más fácil de llevar, desde el día de mi operación hasta hoy.

Una de esas organizaciones que impactó mi vida, cuando estaba en el hospital, fue Hermes Music. Recuerdo que ellos me regalaron una batería electrónica porque se enteraron de que uno de mis sueños era tocar la batería. Hermes Music es una fundación mexicana que se basa en la música y que trabaja con muchos artistas importantes como, por ejemplo, la famosa banda Maná.

Recuerdo a la perfección cómo el señor Alberto, unos de los directores de esa fundación, fue a visitarme para darme aquella increíble sorpresa. Desde ese momento, comencé a tocar la batería.

Fueron muchas las personas, fundaciones y asociaciones que me ayudaron y me siguen ayudando. A todas ellas, desde lo más profundo de mi corazón, muchísimas gracias.

DONANDO EL FERRARI VERDE

Desde la primera vez que vi cómo las personas y las fundaciones me ayudaban, pensé que algún día tenía que devolver todo lo que había recibido. Y la mejor forma era, sin duda, ayudando a otras personas.

Fue así como un día, después de haber salido del hospital, fui con mi papá a hacer unas compras para la casa y, cuando estábamos haciendo la fila para pagar, una señora se me acercó y me preguntó dónde había comprado mi Ferrari verde, la silla de ruedas que tanto me ayudó.

Ella agregó que le gustaría conseguir una silla como la mía, porque tenía un sobrino en Perú que sufría de parálisis cerebral y no podía caminar. Ese día la señora nos dijo que las sillas de rueda que había tenido se le desarmaban por los huecos que había en las calles y por su peso.

Recuerdo que cuando ella nos dijo eso yo vi a mi papá y, sin pensarlo dos veces, le dije a la señora que apenas yo comenzara a caminar de nuevo, le iba a donar la silla para que ella se la mandara a su sobrino.

Mi papá le pidió su número de teléfono y yo le dije que no se preocupara, que nosotros la íbamos a llamar. Y así fue. Luego de casi cinco meses, empecé a caminar con mis prótesis y cumplí con la promesa que había hecho a la señora y a su sobrino. Recuerdo que le dije a mi papá que la llamara y le dijera que viniera a buscar mi Ferrari verde.

Mi papá, emocionado, me comentó que la señora no podía creer que nosotros la habíamos llamado. Se puso muy contenta y quedamos en que ese día en la tarde buscaría la silla.

Aquel día ella entró a nuestra casa con su esposo, muy alegre, a buscar mi famoso Ferrari verde. Yo me sentía lleno por dentro, convencido de que habíamos hecho lo correcto.

Después de casi tres meses, recibimos una foto de un muchacho que tenía parálisis, sentado en mi Ferrari verde. Jamás olvidaré la sonrisa en su cara. En ese momento sentí una satisfacción que nunca antes había vivido. En ese momento entendí que dar es mucho mejor que recibir y que esa no sería la última vez que ayudaría a alguien en mi vida.

FUNDACIÓN ÁNGELES GUERREROS USA

Otro de mis sueños olímpicos siempre fue crear mi propia fundación para ayudar a los demás. Era como una forma de devolver todo lo que me habían dado durante mi proceso. Así, desde aquel momento en el que doné mi Ferrari verde, supe que el camino de dar apenas comenzaba.

Por eso, mi papá y yo decidimos crear una organización sin fines de lucro, para ayudar a las personas sin extremidades a obtener sus prótesis.

Además, la idea era poder llegar más allá, ofreciendo apoyo en otros aspectos que las personas requieran durante esos complicados procesos.

El nombre de la fundación es Ángeles Guerreros, un nombre que, por cierto, propuse yo porque estoy convencido de que todos en esta vida somos ángeles que luchamos para ser felices.

Recuerdo que crear la fundación fue un proceso complejo, pero lo más importante ya estaba pasando. Estaba naciendo nuestra propia fundación. Mucha gente se interesó en estar involucrada. Al principio, llamanos a muchos amigos y les comentamos nuestros planes. Ellos nos apoyaron.

La fundación, hoy en día, tiene tres directores: Arianne Trujillo, Jose Tremont y mi papá, Franklin Mejías.

Yo, por mi parte, soy la imagen de la fundación, siempre llevando el mensaje de que nada es imposible en esta vida.

Sin duda, somos el mejor equipo de trabajo, tenemos la oportunidad de ayudar a personas para que puedan volver a caminar. Y, entre otras muchas cosas, también entregamos juguetes en el hospital donde estuve internado por dos años consecutivos.

Nuestra primera oportunidad para recaudar fondos fue en un evento llamado "Sentir Venezuela", donde había música en vivo, comida y actividades para recordar nuestro querido país.

Todo fue un verdadero éxito. Estuvimos los tres días del evento vendiendo camisas y velas para recolectar la mayor cantidad de dinero posible. Y logramos vender casi todo.

El tercer día, al culminar el evento, estuvo una banda de tambores llamada "Cuero Trancado". Recuerdo que, cuando comenzaron a tocar, todo el mundo se paró a bailar y yo, por mi parte, me preguntaba, si después de lo que me había pasado, podría bailar como antes. Ya no tenía pies sino unas prótesis artificiales con las cuales no sabía si podría bailar algún día.

En ese momento, viajé a través del tiempo y recordé cuatro años atrás, aprendí a bailar tambores para mi acto de sexto grado, en la casa de mi mamá, gracias a mi padrastro, Édgar Zambrano. Mi viaje mental terminó y volví de nuevo a mi realidad, parado frente a otras personas que bailaban tambores y disfrutaban la vida.

Aunque internamente yo sentía la música, no me atrevía a bailarla. Pensaba que no iba a poder y tenía miedo de que me enredara y me cayera al piso. Sin embargo, decidí intentarlo y, aunque me costó un poco, aquel inolvidable día pude bailar tambores con mis prótesis de titanio. Cuando estaba bailando todo el mundo me aplaudía y bailaba conmigo.

Hoy, luego de muchos años de experiencias de todo tipo, puedo decirte con total certeza que estoy preparado para seguir mi camino. Y estoy muy feliz de seguir contando con una familia maravillosa.

Mi hermana se casó hace un año y se mudó con su esposo a una casa cerca de nosotros. Nos vemos siempre. Ella es mi gran apoyo. Mi papá, por su parte, sigue siendo mi gran soporte, mi amigo, mi confidente. Él también se casó, con una venezolana llamada Alexandra y sigue trabajando muy duro para salir adelante. Mi mamá continúa viviendo en Venezuela. Hablo con ella todos los días. Es una de mis grandes motivaciones para ser alguien en la vida.

Por mi parte, más adelante me gustaría estudiar en la universidad, pero eso ya se los contaré en otra etapa de mi vida.

Hoy, después de haber sufrido los dolores físicos y los dolores emocionales más indescriptibles, luego de haber perdido mis dos manos y mis dos pies, siendo apenas un niño de 12 años, ahora con 18 años, mayor de edad, quiero transmitirte que cualquier obstáculo en esta vida es sólo lo que tú decidas que sea. Si decides que sea una pared, pues una pared será. Y el único perjudicado serás tú mismo.

Sin embargo, si decides que tus dificultades se transformen en puertas, puedes llevarte muchas sopresas. Únicamente tú tienes la llave y puedes abrir o cerrar las puertas de tu propia vida.

Yo, hace ya más de seis años, decidí ganar la batalla y me convertí en un carpintero de puertas. Aun cuando todo parecía estar en mi contra, aun cuando los pronósticos eran terribles, yo decidí convertir mis obstáculos en puertas y me compré un enorme llavero. Hoy en día, créanme, tengo muchas llaves y muchas puertas por todos lados, para salir y para entrar.

Yo decidí que no quería paredes que me limitaran porque, más allá de mis manos y más allá de mis pies, había una vida que vivir.

Por eso, quiero dedicarle este libro a todas las personas que, de alguna u otra manera, han sufrido algún percance que los ha hecho dudar acerca de la magia de la vida. A todos ustedes, con el corazón en la mano, sólo les quiero decir una cosa: si yo lo logré, ustedes también pueden. Llegó el momento de abrir puertas y seguir adelante.

Finalmente, muchas personas me han preguntado cómo he podido superar un obstáculo tan difícil, cómo he logrado salir adelante sin deprimirme, sin decaer, siempre con una sonrisa en mi cara. A todos ellos, espero haber sabido responderles a lo largo de este libro.

¡Muchas gracias!

Para ser muy honesto, no he leído muchos libros en mi vida. Sin embargo, en los pocos que he leído, he visto que los agradecimientos son, generalmente, muy cortos.

Hoy, cuando por fin tengo la oportunidad de escribir los agradecimientos de mi propio libro, quisiera extenderme un poco más porque, gracias a muchas personas que me han apoyado en el camino, soy quién soy.

En primer lugar, le quiero dar gracias a mi mamá por haberme dado la vida y a mi papá, por haberme apoyarme siempre.

A mi hermana, por ser mi mejor amiga y a toda mi familia, porque siempre han estado allí para mí, incondicionalmente.

También quiero darles las gracias a todas las personas que estuvieron conmigo, tanto en el hospital como en los distintos procesos de mi recuperación, comenzando por el personal del Hospital Joe DiMaggio. No se imaginan cuán agradecido estaré siempre con todos ustedes, son unos ángeles.

A la compañía POA, de Orlando, por brindarme su bendecida mano amiga y, sobre todo, por darme una nueva manera de seguir mi vida. No tengo palabras, jamás las tendré, sólo agradecimiento puro. ¡Gracias!

A mis amigos Nelson Bustamante y Jorge González, por haberme impulsado a escribir este libro. A Nelson, por ser uno de los grandes motivadores de mi vida. Y a Jorge, por haber sido mi mano derecha en este complejo proceso de escribir un libro: **Más allá de mis manos**. Fueron más de 40 reuniones y muchísimas horas de trabajo pero lo logramos. Sin ustedes, este libro no existiría. ¡Gracias!

Y, por último, pero no menos importante, a mi Dios bendito por darme otra oportunidad de vida, por permitirme ser un ejemplo a seguir y por dejarme demostrar que la discapacidad es sólo un estado mental.

Señoras y señores: Lo logramos.

A todos ustedes: ¡Muchas gracias!

Franklin Mejías Castellanos

Noviembre, 2017

Álbum

Sin límites

En la Candelaria, en el apartamento
de mi abuela, disfrazado de tigrito

En Caracas, pasando
a primer grado

En Cúa, Venezuela,
graduándome de sexto grado

Con mi hermana Franny y mi amiga Josgreyli
en Caracas. Ahhh, y con mis manos también

Montando caballo, en la
Colonia Tovar, en Venezuela

Con mi hermana, en el club Provincial,
en Caracas. Un día de piscina

En Higuerote, Venezuela,
con mi hermana y mi papá.

Primera comunión de mi hermana,
con mi mamá y mi papá.

Frente al arbolito de navidad,
con mi papá, en Guatire, Venezuela.

Con mi hermana, en el Ávila.
Mi último paseo en Venezuela.

En el avión que me trajo
a Estados Unidos

Las vacaciones que cambiaron
mi vida para siempre

Cuando paso por aquí pienso:
"WOW, por aquí pasé yo con
mis manos y mis pies"

Tres meses después de la operación,
entubado y enyesado

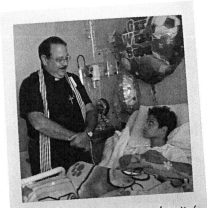

El día de mi bautizo, en pleno hospital,
con mis padrinos y el padre.

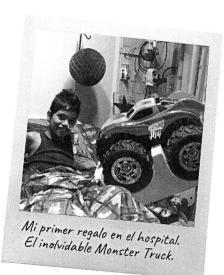

Mi primer regalo en el hospital.
El inolvidable Monster Truck.

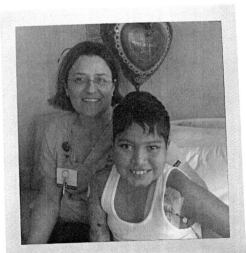

Ella es María, la primera persona que me
habló sobre la posibilidad de ser amputado.

Con George, mi profesor del hospital.
Aprendiendo nuevamente a escribir

Con mi hermana, mi prima
y mi abuelo, en Miami

En mi Ferrari verde, con Billy,
la mascota de los Marlins de Miami

*Esta fue la primera vez que
caminé después de mi operación*

*Él es Stanley, el dueño de POA.
Gracias a él puedo caminar*

El día que doné mi Ferrari verde

Con mi mamá y mi hermana,
en un centro comercial en Miami

Por fin, a mis catorce años,
visitando Disney

Nadando con delfines en Hawaii.
Sin manos, sin pies, pero repleto de alegría

Jugando con Zimba y Zarabi

De vuelta a la escuela, por
primera vez, luego de mi operación

Junto a mi entrenadora, Terese,
y Carlos con mi primer trofeo
de ping-pong

Con mis grandes amigos, llevando
regalos a los niños del Joe DiMaggio

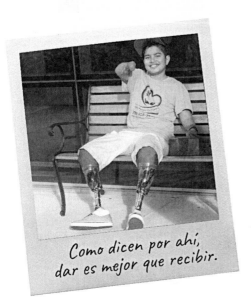

Como dicen por ahí,
dar es mejor que recibir.

Una entrevista que cambió mi vida.
Ismael Cala

Una persona que me motivó
a ser quien soy. Maickel Melamed.

Conociendo a Chyno y Nacho.
Un día inolvidable para mí.

Esta es mi gran familia de POA

Este libro se imprimió
en el mes de octubre del 2017
en Tampa, Florida.